普通高等教育"十二五"部委级规划教材（高职高专）

专业认知与职业规划系列教材

专业认知与职业规划
（服装技术类）

江苏工程职业技术学院　组织编写

王　军　主编

中国纺织出版社

内 容 提 要

本书紧紧围绕服装技术类相关专业的认知及职业生涯规划两个主要内容，将专业教育、思想教育、就业教育融为一体，帮助学生对所学专业进行解读，指导读者制定适合自身的职业生涯发展规划。本教材是在充分调研高职院校服装技术类专业人才培养质量现状以及对学生在专业选择与职业选择时所遇到的现实问题进行分析的基础上，依据服装技术类专业人才综合职业素养的要求及专业人才的成长规律而编写，以期对学生在专业选择和职业规划时能够有针对性地进行指导和帮助。各专题以学习任务引领，激发学生积极深入思考；并通过案例分析与拓展思考的形式，帮助学生认识相关专题知识对解决现实问题的重要性。

本教材可作为高职高专院校学生"专业认知与职业规划"课程的教材，也可供服装技术类工作人员和服装专业爱好者参考使用。

图书在版编目（CIP）数据

专业认知与职业规划：服装技术类 / 王军主编 .—北京：中国纺织出版社，2014.11（2025.9重印）
普通高等教育"十二五"部委级规划教材 . 高职高专
ISBN 978-7-5180-0878-0

Ⅰ.①专… Ⅱ.①王… Ⅲ.①服装工业—职业选择—高等职业教育—教材 Ⅳ.① TS94

中国版本图书馆 CIP 数据核字（2014）第 190551 号

策划编辑：孔会云　　特约编辑：王　昊　　责任校对：寇晨晨
责任设计：何　建　　责任印制：何　建

中国纺织出版社出版发行
地址：北京市朝阳区百子湾东里A407号楼　邮政编码：100124
销售电话：010—67004422　传真：010—87155801
http://www.c-textilep.com
中国纺织出版社天猫旗舰店
官方微博 http://weibo.com/2119887771
北京虎彩文化传播有限公司印刷　各地新华书店经销
2025年9月第1版第4次印刷
开本：787×1092　1/16　印张：7
字数：115千字　定价：28.00元

凡购本书，如有缺页、倒页、脱页，由本社图书营销中心调换

编 委 会

名誉主任：王　毅
主　　任：金卫东
副 主 任：仲岑然　沈志平　王亚鹏
委　　员：陈志华　赵　斌　胡　革　马　昀　朱建军　徐　琳
　　　　　孙　兵　马　斌　蒋丽华　邹海鸥　丁永久

出版者的话

《国家中长期教育改革和发展规划纲要》(简称《纲要》)中提出"要大力发展职业教育"。职业教育要"把提高质量作为重点。以服务为宗旨,以就业为导向,推进教育教学改革。实行工学结合、校企合作、顶岗实习的人才培养模式"。为全面贯彻落实《纲要》,中国纺织服装教育学会协同中国纺织出版社,认真组织制订"十二五"部委级教材规划,组织专家对各院校上报的"十二五"规划教材选题进行认真评选,力求使教材出版与教学改革和课程建设发展相适应,并对项目式教学模式的配套教材进行了探索,充分体现职业技能培养的特点。在教材的编写上重视实践和实训环节内容,使教材内容具有以下三个特点:

(1) 围绕一个核心——育人目标。根据教育规律和课程设置特点,从培养学生学习兴趣和提高职业技能入手,教材内容围绕生产实际和教学需要展开,形式上力求突出重点,强调实践。附有课程设置指导,并于章首介绍本章知识点、重点、难点及专业技能,章后附形式多样的思考题等,提高教材的可读性,增加学生学习兴趣和自学能力。

(2) 突出一个环节——实践环节。教材出版突出高职教育和应用性学科的特点,注重理论与生产实践的结合,有针对性地设置教材内容,增加实践、实验内容,并通过多媒体等形式,直观反映生产实践的最新成果。

(3) 实现一个立体——开发立体化教材体系。充分利用现代教育技术手段,构建数字教育资源平台,开发教学课件、音像制品、素材库、试题库等多种立体化的配套教材,以直观的形式和丰富的表达充分展现教学内容。

教材出版是教育发展中的重要组成部分,为出版高质量的教材,出版社严格甄选作者,组织专家评审,并对出版全过程进行跟踪,及时了解教材编写进度、编写质量,力求做到作者权威、编辑专业、审读严格、精品出版。我们愿与院校一起,共同探讨、完善教材出版,不断推出精品教材,以适应我国职业教育的发展要求。

中国纺织出版社
教材出版中心

校长寄语

新生们告别紧张繁忙的中学生活的同时，也踏上了接受高等职业教育的新里程，开始了职业技能和职业素质训练的新生活。准备迎接未来社会生活，特别是职业生活的挑战，这其中，最基本的技能便是进行专业认知与职业规划。

作为高职院校的一名新生，进入大学后，特别渴望了解所选专业的几个主要问题，即这个专业都教授什么？学了以后有什么用？应该怎么学，未来如何运用？将来可以做什么，能够做什么？也就是说，将来可以从事何种职业、有何职业选择与成就、今后的发展如何等。这些问题，事关高职学生将来的事业发展与自身成长，自然会引起同学们的高度重视。

"专业建设无疑是高职学校内涵建设的核心内容，也是高职学校建设和发展的立足点。……学校设置一个专业，首先应该明确开设的理由（社会需求）、人才培养的规格（办学定位）、育人的软硬件条件（培养能力）以及专业发展未来的愿景（规划目标）。……学生进入这样的专业，一年级时挖掘出职业乐趣，期待成为毕业生；二年级时建立职业认同感，渴望成为从业者；三年级时形成职业归属感，立志成为行业企业接班人。……专业、学校会是他们一生的平台。"（范唯语）

在高职学校办学与学生择业竞争激烈的今天，作为教师，我们应该精心考量"专业如何与产业对接？如何健康成长、可持续发展而不是短命低效"等问题，还应该深思"专业如何具备行业气质？如何成为学生就业的引擎"的发问；作为学生，应该思索"这个专业能够给我带来什么？我的将来在哪里"。

专业与产业、行业、职业、事业是紧密联系的，专业与知识、技术、能力、素质也是不可分割的。从某种意义上说，选择了什么专业，就选择了什么样的工作岗位、生活方向、人生航道。正因为如此，我们必须懂得自己所走的这条道路通向何方，必须规划好未来的航程。尽管形势或生活的变化可能带来一定的微调，但从专业中所获取的精神与态度、风骨与品格、眼光与境界是相伴我们终生的。

人的一生中最重要的是选择、认知与规划。选择是取舍，是走哪条路的问题；认知是了解，是明确什么路、路上有什么的问题；规划则是具体设计方案，是怎么走、怎么到达的问题。认知、选择与规划是相辅相成的。选择了什么专业，就基本确定了职业方位，接下来就是要在总体了解和认知的基础上，进行精心筹划，确定实施方法和策略，并付诸行动，一场人生战役就此打响，这就是人生"凯旋"的基本步骤。而学业则是从专业到达职业彼岸的一叶扁舟。因此，专业认知也好，职业规划也罢，其关键点在于学业。学业精通与否，决定了职业规划实现的高度、宽度与长度，从而也决定了人一生的厚度与精度。

为了灿烂的前景与正确的前行方向，请准确认知与从容规划，并且勤学苦练。希望我院组织编写、出版的这套"专业认知与职业规划系列教材"能够从源头上提高同学们对专业的认同感，增强学习的积极性和主动性，帮助大家设计好自己的学业规划。

最后，预祝新生们通过几年的努力学习，能够顺利走向职场，实现自己的人生目标！

江苏工程职业技术学院院长

二〇一四年六月

前言

中国纺织服装产业正在飞速发展，行业也正处于从劳动密集型产业转型成以品牌和设计为竞争点的关键阶段。

为适应纺织服装业可持续发展的要求，为了纺织服装产业升级，为了面对国内外复杂的竞争环境，纺织服装业需要大量懂技术、懂外语、懂营销、善管理并有创新意识的复合型高素质技术应用型人才。

联合国教科文组织总干事马约尔先生在1999年的"第二届国际技术与职业教育大会"上说："未来，促使一个国家社会经济腾飞的骨干力量是专业技术人员。"

高等职业教育的根本目标就是培养高端技能型人才。服装人才的培养质量将直接影响到我国服装产业的可持续健康发展。

对于刚刚步入大学校园的高职新生来说，他们对于所学专业的正确认识及对自身未来的科学规划将会对学校的人才培养质量产生重大影响。为了增强学生的专业学习信心，帮助服装技术类专业学生正确认识所学专业性质、明确学习目标、感知未来职业岗位、激发专业学习动力、掌握专业学习方法、科学规划自身发展，本教材将专业教育、思想教育、就业教育融为一体，帮助学生对所学专业进行解读、指导学生制订适合自身的职业生涯发展规划。

本书共分四个部分。第一部分由朱晓炜编写，第二部分由王军编写，第三部分由周忠美、陈冬梅编写，第四部分由魏振乾编写。全书由王军统稿。

由于编者水平有限，错漏之处在所难免，恳请读者及服装专业同行们多提宝贵意见，以便再版时修正。

编者
2014年8月

☞ 课程设置指导

课程名称：服装技术类专业认知与职业规划
适用专业：服装技术类专业
总 学 时：24
理论教学时数：16
实验（实践）教学时数：8

课程性质

本课程是一门将专业教育、思想教育、就业教育等融为一体的、帮助高职新生对所选专业进行解读的各大类专业入门课程，属于各服装技术类专业的学生必修课程。该课程为2个学分，主要回答专业是什么、为什么（学习这个专业）、学什么（专业内容）、怎么学（学习方法指导）、做什么（就业规划）等方面的一系列问题。

课程目的

开设本课程的目的是帮助学生增强专业学习信心，正确认识所学专业性质、明确专业学习目标、感知未来就业岗位、激发专业学习动力、掌握专业学习方法、科学规划自身发展。

课程教学的基本要求

本课程以服装技术类各专业培养方案为基础，以网络课程为主要授课平台，学生可以利用课余的时间查阅我们在网站上的教学大纲、授课计划、教案、教学录像等；以多媒体及视频、人物访谈、专家讲座等为主要授课方式，改革传统"灌输式"教学方法，采用启发式、讨论式的教学方法，包括观点争鸣、现实案例讨论等，将教学性和趣味性相结合，注重调动教与学的协调，促进学生积极深入的思考；以调研报告、设计职业规划书等为主要考核项目。

基于"专业认知与职业规划"课程建设的特殊要求，课程由优秀的资深专职教师和行业企业技术专业、能工巧匠及学生教育管理人员等组成课程开发教学团队。

教学内容与学时分配

序号	学习情境	学习内容	学时
1	服装行业认知	一、我国现代服装产业的发展历程 二、服装行业生命周期 三、我国服装行业发展现状	1
		四、我国服装行业发展趋势 五、我国服装行业主要技术方向	1
		六、服装行业发展前景 七、我国服装产业发展特点分析	1
		八、服装行业发展对技术类人才的需求	1
2	服装技术领域职业认知	一、服装技术类人才对应的主要岗位 二、服装生产企业的组织架构与部门设定 三、服装生产运行链	2
		四、服装技术类专业面向的主要岗位职责分析 五、服装企业岗位能力考核要求	2
		六、纸样师工作任务 七、跟单员工作任务	4
3	服装技术类专业认知	一、高等职业教育人才培养目标 二、服装技术类专业培养目标 三、服装技术类专业人才培养模式	1
		四、服装技术类专业课程认知 五、基于工作过程的理论与实践一体化课程学习	1
		六、课程中职业素养的培养	1
		七、职业资格考试 八、各类服装技能大赛	1
4	职业生涯规划	一、职业生涯规划的定义及特点	1
		二、大学生如何进行职业生涯规划	4
		三、大学生创业	2
		四、服装专业学生职业生涯规划实例	1
合计			24

目 录

专题一 服装行业认知 / 1

一、我国现代服装产业的发展历程 / 1

二、服装行业生命周期 / 2

三、我国服装行业发展现状 / 3

四、我国服装行业发展趋势 / 7

五、我国服装行业主要技术方向 / 11

六、服装行业发展前景 / 16

七、我国服装产业发展特点分析 / 20

八、服装行业发展对技术类人才的需求 / 25

专题思考拓展 / 30

专题二 服装技术领域职业认知 / 31

一、服装技术类人才对应的主要岗位 / 31

二、服装企业的组织架构与部门设定 / 32

三、服装生产运行链 / 35

四、服装技术类专业面向的主要岗位职责分析 / 44

五、服装企业岗位考核标准（服装技术类专业面向的主要岗位） / 47

六、纸样师工作任务 / 48

七、跟单员工作任务（生产跟单） / 53

专题思考拓展 / 56

专题三 服装技术类专业认知 / 57

一、我国高等职业教育人才培养目标 / 57

二、服装技术类专业培养目标 / 58

三、服装技术类专业人才培养模式 / 59

四、服装技术类专业课程认知 / 59

五、基于工作过程的理论与实践一体化课程学习 / 62

六、课程中职业素养的培养 / 66

七、职业资格考试 / 70

八、各类服装技能大赛 / 71

专题思考拓展 / 72

专题四 职业生涯规划 / 73

一、职业生涯规划的定义及特点 / 73

二、大学生如何进行职业生涯规划 / 74

三、大学生创业 / 78

四、服装专业学生职业生涯规划实例 / 86

专题思考拓展 / 95

参考文献 / 96

专题一 服装行业认知

作为衣食住行之首，毫无疑问，服装行业是个永远的朝阳产业，因为人类对服饰的追求永远没有止境。如今，随着经济生活水平的发展，人们对服装服饰类产品有着越来越高的要求，服装不仅仅是要求能蔽体保暖。谁都会希望自己拥有更多的漂亮、健康、个性化的衣裳，而且由于服装类产品更新换代的时间又比较快，所以服装市场的蛋糕将会越来越大。

科技的发展，人类的进步离不开人才。只有通过确立人才的核心竞争力，才能进行产业升级、技术创新，发展知识经济，打造创新型国家。中国服装业为了适应未来的需要必须培养高素质的设计、技术、管理及销售等方面的应用型人才。

一、我国现代服装产业的发展历程

基于对我国服装业发展过程的了解，由于历史原因，新中国成立后，我国的服装企业经历了风风雨雨的半个世纪。其发展大致分为三个阶段：

（一）产业形成期（1949～1978）

计划经济时期。服装企业自主权不大，产供销靠上级部门的统一计划与分配，服装行业没有形成活跃的市场，人们的穿着欲求被压抑到最低限度。

产业形成期以个体裁缝和小作坊为代表，1954年改造为集体所有制的缝纫社或合作社，再进一步演变为较大规模的集体所有制企业，还有约4%为地方国营企业；计划经济体制下服装未被列入国家计划，企业分配不到布料，得不到国家投资；技术进步缓慢，生产工艺落后。

（二）第一次产业升级期（1978～2000）

市场经济初级时期，也可称为短缺经济时期。改革开放初始阶段，人们追求美的心态刚刚复苏，对衣着的需求量非常大。服装企业生产出的产品供不应求，一时形成非常火爆的销售态势。因此，服装企业如雨后春笋般成长起来，但一窝蜂地上马不会带来持续繁荣，当时的产品品种单一，易使市场饱和。经过两年市场饱和时期的考验，有些企业被淘汰。幸存的服装企业居安思危，不再满足于产品数量的单纯增长，积极调整经营思路，提高产品质量，为企业的可持续发展奠定基础。

第一次产业升级期的服装行业平均年递增速度达14%；服装产量从1978年的6.7亿件增长到2000年的100亿件，增长了15倍；我国服装在世界服装市场上占有1/5的份额，遍布世界

220个国家和地区；2000年的服装出口是1978年的50倍；1994年开始连续6年保持服装生产和出口世界第一，确立世界服装大国地位；20世纪80年代乡镇企业、三资服装企业发展迅速；1992年之后民营和股份合作制企业快速发展；已形成完整的工业体系；形成了一批知名品牌和企业。十余家企业产品销售收入超过10亿元，几百家超过亿元。

（三）第二次产业升级期（2000年至今）

完全市场经济时期。服装企业经历了市场的考验，渐渐成熟起来，尤其到20世纪90年代，进入了快速发展阶段，服装市场化程度增高。随着全球经济一体化的进程加快，服装企业不仅面临自身结构、组织形式的变化，还要面对国内外服装品牌激烈的市场竞争。因此，只靠硬件设备的投入已不能满足市场竞争的需要，各企业纷纷寻找可持续发展的出路。

调整企业组织结构和产品结构，进而调整产业结构；抓住入世机遇，提高出口服装设计水平，增加出口产品附加值；加强服装面料的开发研究；引入服装信息业，建立对市场需求的快速反应机制；从世界服装大国转向世界服装强国升级。

二、服装行业生命周期

正如任何其他事物一样，服装行业也存在着生命周期的问题。服装行业的生命周期从时间上划分，大致可分为初创期、扩张期、成长期以及衰退期四个阶段。如图1-1所示。

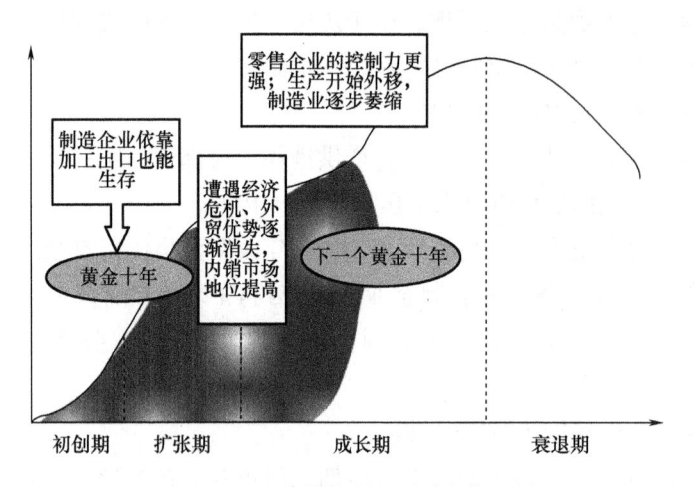

图1-1 我国服装行业生命周期

我们比较了美国、英国、日本和我国的服装行业生命周期，大致都会经历制造企业大规模生产→生产外移、制造业萎缩、销售商居主导→零售商以服务和快速反应参与市场竞争的过程，而我国已经处于第二阶段。

三、我国服装行业发展现状

（一）世界服装行业发展现状

目前，欧美发达国家的纺织服装业已转向高端产业，在研发和应用新型纺织品方面始终处于世界纺织服装工业发展的领先位置。欧美的服装企业一方面以先进的工业技术为支撑，将大量高水平生产技术、设备应用于生产，减轻对日益增长的劳动力成本的压力；另一方面，以研发为先导，主导着整个国际服装的发展趋势，并将环保、特殊功能的面料广泛应用于服装生产，增加服装的附加值。就服装行业而言，欧美发达国家的消费者品牌意识很强，知名品牌服装占销售份额的比重较高。对于品牌而言，其设计和营销是品牌塑造的核心，有些品牌，比如"耐克"专注设计与销售，而将生产外包，实行虚拟化经营，节约了大量的生产基建投资、设备购置费用以及人工费用，将生产外包给很多发展中国家的生产厂家，在保证其生产质量的同时又能赚取产业链上最大的利润。

1. 服装专用设备功能趋向集成化

服装专用设备功能集成化，即一个操作工人可操作几台设备。目前已出现钉扣、锁眼、缝领、包边带缝合、熨烫等组合设备，操作工只要在一台送料装置上放上裁好的衣片，组合机就能自动完成送料、定位、缝制、折叠等动作，如图1-2所示，电脑控制技术进一步向纵深发展。服装的设计将采用三维立体设计，能把服装效果图转换成样板图；还可模仿面料的质地、织法、悬度实现电脑三维模拟表演等，使设计的服装在屏幕上显示出完美逼真的形象。不少国家正加快研制机器人，谋求实现无人操作的服装生产系统。

图1-2 服装设备功能集成化

2. 服装设计研究趋于个性化、款式更趋向多样化

服装的整体设计更加注意人体全身的对称与和谐，不仅考虑穿衣者的上衣与裤子的协调，而且还考虑与其他商品（如鞋、帽、裙、衬衣、领带、携带的小包等）是否相配，甚至

连其发型、脸型、体型、皮肤、头发颜色等也在考虑范围之内，设计生产出能使全身更加漂亮的整套服装。现代社会人们的服饰都有各自的要求，款式、用料、色彩、配件等方面都体现出个性化的特点。服装必须小型化、多品种、小批量、高质量，才能与之相适应而发展。

3. 电子商务技术在服装界广泛应用

纺织服装电子商务在互联网上的广泛应用，使所需服装信息一旦从网上发出，服装品牌、服装设计、服装文化、服装面料、服装企业等一系列电子商务活动就会同时进行，企业即可按订单快速组织生产。这种以消费者为导向的新时装产业结构，大大缩短了原料→成本→货币的转换时间，使商品和原料的规划同步进行，降低了生产成本和产品价格。例如，欧洲著名时装品牌ZARA拥有一套完整的计划、采购、库存、生产、配送、营销和客户关系管理的平台以及在这个平台基础上的供应链协同系统。通过这套系统，ZARA实现了信息流、资金流以及物流的及时流转，从而实现对客户需求的快速反应，如图1-3所示。

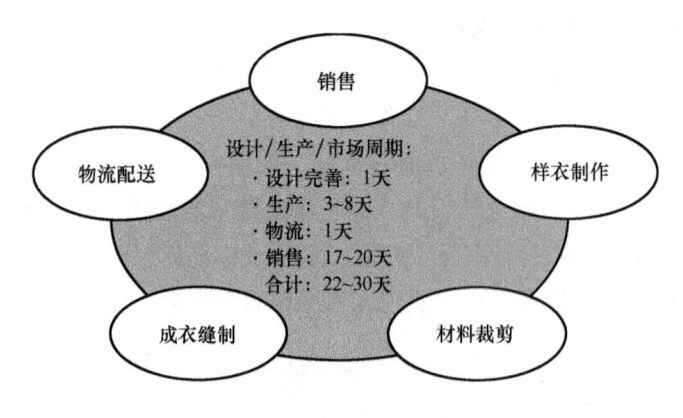

图1-3 ZARA快速反应体系

（二）我国服装行业发展现状

谈到中国的服装业，有两个非常重要的第一：一是世界第一的"服装制造大国"，第二是世界第一的"服装出口大国"。然而在中国服装制造业如火如荼的虚假繁荣背后，却是用廉价的劳动力和庞大的市场培育国际品牌和养活国外设计师的尴尬真相。拿8亿件衬衫换一架空客的事实，让中国服装业犹如天空里高高飘扬没有方向的风筝，生命线攥在别人手中（图1-4）。

我国的服装业有四大基本特征：规模大、产量大、水平低、结构差。然而我国又是世界上最大的服装消费国，同时也是世界上最大的服装生产国，但是在我国服装产业整体的发展却很不平衡。广东、江苏、浙江、山东、福建、上海等东南沿海省份所生产的产品占据了全国80%以上的市场份额。而中西部地区的服装产业则还非常落后。

在我国，各个服装企业之间的竞争还停留在价格和款式等方面的竞争，绝大多数服装生产商的产品销售还是以批发为主。虽然近年来服装企业的品牌意识不断地加强，但中国服装行业目前还只有几个有限的中国驰名商标，缺乏真正意义上的国际服装品牌。中国服装行业最为成熟和稍微具备国际竞争力的当属男装和羽绒服，这片领域诞生了杉杉、雅戈尔、七匹狼、波司登、美特斯邦威、洛兹等众多的知名品牌，集中了好几家上市公司，他们品牌实力较强，规模和竞争力都处于服装行业前列。但是总体来说，盈利能力还是太低，品牌没有规模，主要还是通过低成本优势在与国际品牌进行竞争。

图1-4 我国服装行业发展现状

中国服装企业结构链停留在传统设计管理的模式，由于设计手段多停留在纸面放样的落后阶段，设计周期长，试制成本高，造成新产品创新能力弱、新品开发周期长、不容易发掘适销对路的产品，进而造成库存积压，影响资金周转。服装的新产品周期（设计、成衣到进入销售）工业发达国家平均2周，美国最快4天，而我国平均是10周时间，差距非常明显。

目前，中国服装业的发展主要面临以下几点困惑。

1. 日益增大的库存压力

有人说：如果现在中国所有的服装企业都停产，中国人不用担心没有衣穿。现在各企业所有的库存加起来还都够在市面上卖个两年的。服装企业做大了，往往是伴随着仓库急剧增大的代价。企业的销售翻了好几倍，账上的现金却没见增长多少。

由于服装季节性明显，且服装产品更新的速度越来越快，库存问题成为最令服装企业头痛的问题之一。如果不处理，积压只会导致更加库存品的更加贬值甚至一文不值。但若进行低价抛售处理，一来那些过季的产品不见得有人要；二来低价抛出去对辛苦建立起来的品牌形象又是个很大的打击，很容易让消费者对产品的价格体系产生怀疑。另外，库存数与企业缺货数量又往往是成反比的，因为服装产品从采购面料到生产都有一定的周期，企业为了使自己的产品在旺季时候有足够的数量可供销售，往往不得不储备大量的货品，这就为库存埋下了隐患。而有些较保守的企业为了减少库存，往往限制货品的生产数量，但一旦该货品畅销起来，却又因为产品供不应求导致缺货而错失销售良机。

从市场需求角度来看，中国幅员辽阔，经济发展极其不均衡，需求呈现多样化，对消费者尤其是对不同等级市场需求特点的研究是服装行业比较欠缺的，这样就造成企业无法将自己的产品精确的或者有针对性的投放到这些需求者的市场上去。一方面是大量的库存，另一方面是服装消费严重落后。在中国，即使在一个城市中，市区和郊县的消费满足程度就存在相当的不同，城市消费过度，而在三类以下的城市却相对处于消费热点匮乏的状态，"超级女生"作为一种消费热点，最大的消费地不是在沿海地区，反而在四川。服装企业缺少抓住市场热点的能力，因此无法做到快速建立品牌规模的能力。市场经验的局限和研究的亏欠导致相当多的企业生产出来的产品行不成市场转化能力。渠道已然成为服装企业的制约短板。

从企业经营的导向上来看，中国的服装企业普遍没有一种行业地位占位的意识和行为，企业经营主要还是从纯制造的角度来设计的，资源配置也是这样的，从自身的角度来设计的产品是不是消费者所需要的。另外，企业可能对广告、传播、裁剪款式、生产管理比较在行，但是对市场上的销售环节就显得力不从心了，尤其是没有适合中国国情的业务发展战略。没有战略就没有目标，生产多少肯定是不知道的，在产能的压力下，肯定要形成库存。

2. 行业专业人才匮乏

深入过服装行业的人才会清楚地意识到，服装行业整体人才队伍非常贫乏，无论是生产管理，还是设计、营销、广告等。因为服装行业多属民营企业，很多是从夫妻店起步，家族企业色彩往往比较浓厚。很多企业根本不能给人才提供宽阔的舞台，因而吸引不了人才加盟，即使加盟了也留不住人才。在一个以人为本的知识经济年代，缺乏专才，对服装行业的发展影响绝对是巨大的。

3. 缺乏自主的设计风格

服装设计是中国服装企业普遍的软肋。中国服装设计水准还远较国际上落后，中国还没有诞生具有世界影响力的服装设计师。众多企业还是以抄袭仿板为主，这样很难形成自己的产品风格。国内的服装企业一来缺乏完善的设计师培养机制，而很多有才华的设计师则更习惯于自己创品牌或开设计工作室创业，而不愿意在企业发挥才华，使得中国的服装设计水准很难提升到一个新台阶，国际主流时装周上甚至根本看不到中国设计师的身影。

4. 产业链不健全

谁都清楚，面料是服装产品的关键，但目前处于产业链上游的国内面料供应商较国外的面料商还有比较大的距离，面料研发能力不足，高品质的面料大多还依靠进口，这也直接制约着整个产业水平的提升。

产业链的建立需要整个产业经营战略和导向的转变，具体经营业务的转变不但是一个整体的战略思路的问题，更是一个具体的经营业务的问题，因为就目前的产业状态，只能是逐渐去往某个战略方向去优化，而不能动作太大。另外，服装产业链的建立还与地域和信息有相当的关系。

振兴服装业必须构建当地的产业链，包括从棉花种植、纺织印染、服装设备制造、服装加工、服装配饰以及辅料的生产、服装商贸平台、服装研究和市场调研、大众媒体等。这个产业链中必须有一张庞大的网络体系（零售网、销售网、特许经营加盟等），如图1-5所示。网络的形成无疑会增大产业链条的长度和强度，进而带动链条上各个环节的飞速发展，为相关产业制造发展机会，这样才会增强服装企业在全国的影响，同时产业链条的增长是确保该产业经济稳固增长的重要保证，也使得服装产业发展更加细分化，更加规范化。

从业内得到某些信息可以看出来，成本竞争导向的企业经营思路直接制约了产业链的健康发展，最近几年局面虽有所改善，但产业链依然没有真正获得健康发展的机缘。很多研发机

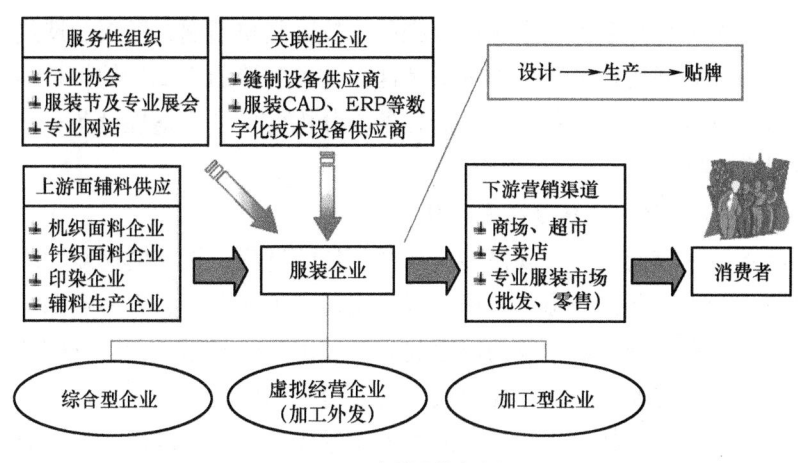

图1-5 我国服装产业链

构研发出来很好的技术和产品，但纺织和服装生产企业并不是很感兴趣，问题是这些技术相对于成本竞争来说，根本不能为企业带来任何现实的竞争优势。根据国家纺织科技协会的统计分析信息，相当多采购新技术和新材料的企业并非是为了投入生产，而是为了技术压制——我不用，别人也别想用——相当多（96%以上）的研究成果甚至无法成功实现市场转化。

5. 服装产业仍然摆脱不了典型的加工型企业

我国许多大规模的服装企业，实际上仍然是典型的加工型企业。其生产能力相对较强，设计能力和营销能力相对较弱。这些企业对生产管理和成本的核算相对重视，但由于市场营销能力比较薄弱，难以承受较大的市场波动。同时，由于设计能力的不足，也限制了这类企业的在市场的发展战略。所以，企业应该有强大的设计开发能力和市场营销能力。这种企业的结构好像是一个杠铃，中间是生产开发和生产管理，两端是设计和营销，企业的运作就像杠铃一样，紧握中间的管理去平衡两端的能力，用两端的力量来显示企业的实力，这种企业的综合开发能力强，有很强的市场竞争力。服装企业由被动市场型的橄榄结构升级为主动市场型的杠铃结构，必须得到相应信息技术的全方位支持。各服装企业之间的竞争也还停留在比较低层面上，主要还停留在价格、款式等方面的竞争，绝大多数服装企业的产品销售还是以批发市场的大流通为主。

四、我国服装行业发展趋势

（一）产业深度发展

中国服装产业的纵深发展将为我国服装产业格局、竞争力格局变化奠定基础。

1. 用先进技术缓解劳动力紧缺的矛盾

迫于劳动力紧缺危机，借助于人民币升值换汇的优势，新一轮技术改造设备更新之风在服装行业悄然兴起。科技贡献的作用在本轮产业升级中彰显出来。成熟的中国服装企业在技术改造中扮演的不仅仅是买家的角色，而是通过引进先进设备对工序和工艺进行优化配置的设计者，往往是企业对设备或软件制造商提出要求进行定制采购。

提高劳动生产率；化解劳工荒问题；解决熟练技工紧缺问题；解决制造过程中人为因素产生的质量问题；提高制造水平和管理水平是这次技术改造的主要目的。吊挂生产线、电脑缝制设备、电脑控制专业工艺设备、产品信息条码分拣设备、后整理设备、产品检验检测设备等都成为被引进的热门。

2. 内陆省份为承接梯度，转移夯实基础

梯度转移绝不能一蹴而就，大规模转移需要较长的过程。转移的速度取决于内陆地区是否具备承接转移的能力和条件。除了地理位置、交通、土地资源、人力资源、产业链资源等因素外，政策环境、意识观念对转移的成败起到至关重要的作用。营造良好的投资环境成为各个内陆省市吸引产业转移的一大重要手段。内陆地区的服装产业发展迅猛，产业环境和政策环境都在优化。辽宁、吉林、安徽、河南等省相继成立协会。四川、陕西等协会组织也比较活跃。内陆省份的服装产业逐步提升，为承接梯度转移进一步夯实基础。

（二）国内服装市场面临"洗牌"

近年来，随着内需不断扩大，价格指数持续上升，内需切切实实成为了我国服装行业发展的原动力。国内企业成熟壮大、国际名牌蜂拥而入，更多海外品牌对中国市场跃跃欲试，国内中小企业在夹缝中找寻生存之道。未来的中国服装市场新一轮"洗牌"时代已经到来，而"洗牌"的孪生姐妹"市场细分"也将随行而至。

1. 品牌和市场细分时代到来

伴随着新一轮国内市场重新"洗牌"而来的品牌和市场细分不仅仅局限于品种、档次、区域的进一步细分，更表现在以产品风格和消费群细分为特点的深度细分。主要体现为品牌在市场中的横向细分，即同一品种或相同档次产品层中通过"产品风格"和"消费群"进行的横向再细分。市场被拉平，占据各个市场位置的品牌个数将被摊薄。

可以看出，新一轮细分的竞争焦点是"文化""创新"和"研发"，最终的目标是"销售收入"和"市场份额"，"差异化之剑"在这一时期格外锐利，缺乏科技投入和市场研发的盲从行为，在这个市场机遇和挑战面前都将十分危险。随着国际品牌加入竞争队伍，细分也成为民族品牌生存发展的客观要求。目前的运动装市场、时尚休闲装市场的竞争态势就已明显体现出"洗牌"和市场细分的迹象。本轮细分不仅仅为品牌生存发展提供了一次难得的机遇，也为企业的多品牌发展创造了条件。

2. 加工商与经销商进一步分化

近年来，耐克首创的"轻资产运营"模式在中国服装行业大行其道，一个直接结果就是加速了"职业经销商"行业的诞生和成长，从而加速了加工商与经销商的分化。"轻资产运营"模式能够实现品牌在短期内获得销售收入的高增长，使品牌迅速扩张市场份额，同时降低企业的库存和负债率，使企业有可能将主要力量投入到"产品研发"和"市场推广"环节，而对产品制造和零售分销业务的外包则借力于广阔的产业资源，达到多方共赢的目的。目前，国内已经形成了强大的专业加工队伍，经销商队伍也在迅速发展壮大，以个体经营者为主的经销商队伍中，专业的、具有一定规模的"品牌营销公司"已经浮出水面。

国际品牌运营商也将陆续登陆中国，不论是品牌化运作还是资本化运作，都将为中国服装市场注入国际化经营的新鲜理念。随着市场细分对海外品牌的需求增长以及国内品牌对国际加工产品的需求增长，专业的品牌和产品进口商团队也将应运而生，特别是具有雄厚财力和丰富外贸经验的专业外贸公司，在国际品牌引进方面将成为一支主力。

3. 外销型企业、海外品牌进军国内，市场竞争将进一步加剧

近年来，外销型企业进军国内市场的步伐将明显加快。鉴于土地、人力资源成本一再攀升，原料、原材料价格高居不下，人民币升值压力越来越难以消化，外贸加工费日益透明，国际竞争国迅速成长等原因，常规产品的出口越来越无利可图，加上对出口退税下调的顾虑，外贸加工型企业急需寻找新的利润增长点，于是纷纷把目标指向国内市场。

随着GDP快速增长、扩大内需政策的实施等，目前国内服装市场呈现增值增量的成长，物价指数的上升更加有效刺激了外贸型企业转向国内市场，导致品牌个数急剧增多，市场竞争压力加剧，品牌更迭速度也将加快。另外，海外品牌也将成为新进的强有力的竞争者。近几年，海外品牌进驻中国服装市场的步伐加快，积累了一些成功的经验和可借鉴的案例，激发了海外品牌对中国市场的拓展期待。经销商、进口商队伍的发展壮大，也为海外品牌进军中国创造了有利条件。

（三）国际资源和国际市场同等重要

国际对于中国服装产业来说，不仅仅意味着出口，"资源"已经被提到了一个重要位置上。国际产业资源存在于设计、研发、生产、营销、管理、推广等各个环节，包括了人、财、物、无形资产等各个领域。国际资源的合理有效利用是行业、企业的一大新增利润源泉，更是中国产品打开国际市场大门的一把钥匙。国际资源的整合和利用为中国籍服装跨国集团的形成创造出无限可能。

1. "走出去战略"分层次实施，内涵充实

行业经过几年对"走出去"的探究摸索和深思熟虑，不同的企业已经开始制订不同模式的"走出去"战术部署。"走出去战略"分为"品牌走出去""生产走出去"和"采购走出去"等不同模式。

"品牌走出去"是2007年以后的热点，企业也明显在加强海外市场拓展攻势。近几年，我国已经有一批企业实现在东亚、东南亚地区、中东地区国家、澳、新、俄等国的品牌专卖销售。目前，实现自有原创品牌出口的企业会越来越多，市场区域会越来越广，并能期待在欧美等服装发达市场打开销路的成功案例。

"生产走出去"主要是以规避贸易摩擦、降低生产成本为目的，主要目标国是东亚、东南亚国家，也有一些企业为了承接小批量、快速反应的欧美订单在欧盟附近及南美等地区设厂。

"采购走出去"是中国服装产业的新成长点。"采购走出去"是以跨国采购集团的形式，一只手承接国际市场订单；一只手控制订单流向和产品出口，成为国际流通环节中的一环。这种模式能够有效地控制国际市场产品流通的渠道，一方面，提高了服装企业在国际贸易价值链上占据的层次，改善了我国服装产业的利润格局；另一方面，握住渠道掌控权，转变了我国服装产业的国际竞争地位。

2. "调低出口退税"影响和造成行业短期危机

尽管上一轮的出口退税下调未涉及服装产品，但仍存在下调的可能。经测算，通常类服装产品出口退税降低2个百分点，企业利润降低15个百分点以上。一旦出口退税调整势必造成一定的动荡，特别是以生产大路产品为主、议价能力较低的中小企业将面临危机。从长期来看，出口退税下调，能够优化产业的企业结构，促进产业升级。短期内，企业和行业应未雨绸缪，提前做好应对准备。

3. 出口快速增长潜伏危机

欧美业界对中国的反倾销呼声从未间断过，近年来，欧美乃至印度、秘鲁、南非、哥伦比亚等发展中国家相继对我国纺织品展开了反倾销调查、反吸收调查。特别是美国对我国出口的聚酯短纤提起的反倾销案，不仅是中美纺织品贸易历史上最大的反倾销案，更是美国对未来采取贸易保护措施的一次尝试和预演。服装在贸易保护中属于高危产品，出口快速增长势必激化贸易保护主义的抬头。

另外，技术壁垒也同样不容忽视，欧盟相继颁布相关法案提高了对进口产品的要求。近年来美国对产自我国的服装产品实施召回频率明显提高，特别是以"安全性"名义对产自我国的童装、婴儿服装及用品的召回十分频繁。

4. 服装电子商务是必然趋势

随着网络的深入、普及和开放，随着技术手段的大大加强，服装电子商务市场的增长速度大大超乎国人的想象。同时，通过电子商务行业一大批先行者对市场不遗余力地培育，通过对网民消费思维、消费习惯的引导，各网站大力加强用户体验，不断推出满足用户需求的新产品，让网络购物与实地购物的差别越来越小，甚至在某些方面实现了超越。如今服装电子商务领域已经进入快速成长期，开始逐渐引爆流行，成为都市白领的消费新宠。根据市调公司Forrester Research预测，由于网上使用率增加、在线购物信赖度提高、对消费者的优惠政策，特别是更多女性使用网络，使在线服装销售量不断增加，美国服装商品电子商务在今年保持了连续增长。如今在欧美发达国家，由于B2C市场的成熟与规范，多数居民都有通过网络购买服装的经历。据统计，服装电子商务高居电子商务领域，且发展势头迅猛，已成前沿消费潮流。而中国市场并不逊色于欧美，但目前的发展却是明显滞后于国际市场。

通过对国内外市场的对比分析可以发现，服装电子商务绝对可以称得上服装领域的一片蓝海，升值空间巨大。如图1-6所示。作为深处红海之中的传统服装企业，面对如此空白的一片市场，闻风而动也就不足为奇了。特别是品牌服装，希望面对的都是具有消费能力的都市白领阶层，但白领群体由于生活节奏快的原因，几乎整天泡在网络中，而很少有时间去光顾传统卖场。服装企业在面对主要用户群体工作习惯生活习惯发生重大转变时，几乎丧失了核心竞争力。这样下去的结果就是失去未来。面对这样的局势，服装企业最好的办法不是逃避，而是采取积极的态度参与其中，方有可能摸索出规律，从而夺回已有的市场份额。

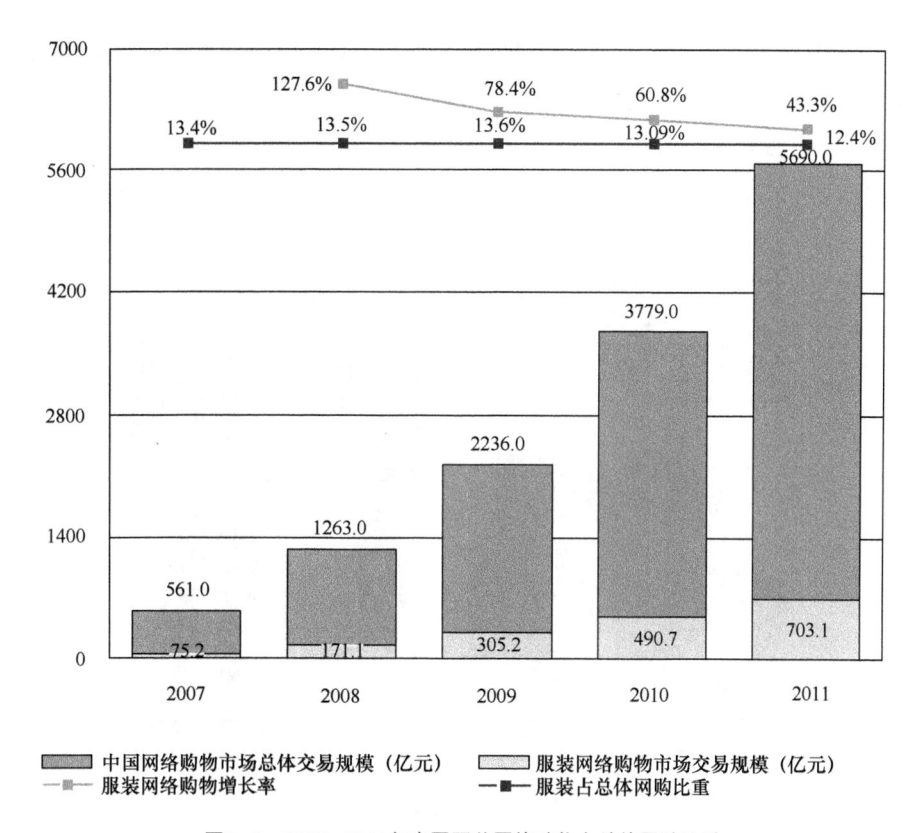

图1-6　2007~2011年中国服装网络购物占总体网购比重

五、我国服装行业主要技术方向

服装行业技术主要可以分为服装新功能纤维材料开发、各种服装材料的加工、织造、染整技术和服装过程自动化技术。

1. 新功能纤维材料开发

新功能纤维材料开发即在传统服装纤维中使化学纤维改变截面形状、表面状态、形态结构、纺丝中添加功能性物质的微小粒子，对天然纤维进行化学改性或物理改性、表面处理等使纤维及其服装品具有新的功能。目前在服装用服装品和家用服装品中除了提出保形、抗皱、抗起球、悬垂、颜色鲜艳度、色牢度、光泽等之外，重点已转向导湿、透气功能；防水、防油、防污的三防功能；抗静电功能；阻燃功能、防熔滴功能；防紫外线透过功能（紫外线吸收功能）；红外线吸收功能、红外线辐射功能；保暖功能；凉爽功能；恒温调节功能；电磁波屏蔽功能；抑菌功能、抗菌功能；消炎功能；有害气体吸附功能；显色功能；可控变色功能；导光性能；反光或闪光功能；生物相容性功能等。

2. 服装CAD技术

CAD就是"Computer Aided Design"的缩写，意思就是计算机辅助设计，那么服装CAD就是计算机辅助服装设计，一般包含创作设计（款式、色彩、服饰配件等）、出样、放码、排料等。服装CAD是在20世纪70年代起步发展的，服装CAD系统由硬件和软件两部分组成，如图1-7所示。

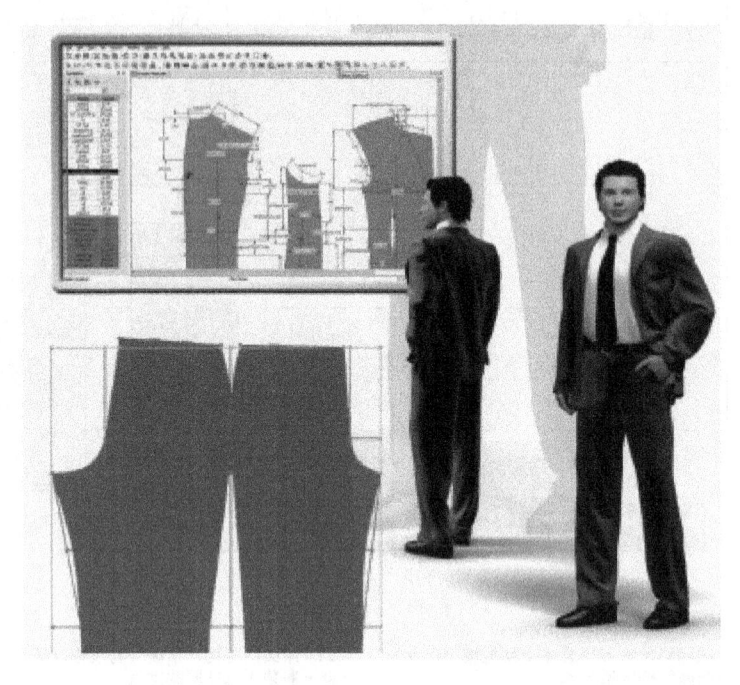

图1-7 服装CAD系统

纺织和服装行业的设计师们对计算机在图形处理方面的强大功能认识得比较晚，CAD技术诞生于20世纪80年代初，目前，国外服装CAD系统技术较为成熟。

中国的服装CAD技术的应用虽然逐步扩大，但在中型以上企业还未达到20%，小型服装企业用的就更少。我国自己的服装CAD是在引进消化的基础上开发的，目前比较成熟的有ARISA、天衣、日升、爱科、樵夫、华怡等。现有的服装CAD系统主要包括试衣系统、款式设计系统、样板设计系统、推档和排料系统、自动铺布裁剪系统、产品资料和市场信息管理系统等。

服装CAD技术使繁重的体力劳动变得简单，节省人力，并节省了实际操作空间；简化了由设计图稿向实际面料的转化过程，并且可以在设计过程中随时进行修改；能够简化存档方式，节省存档空间，重复使用存档方案，降低了服装加工成本；加快产品上市周期，提升企业形象，提高企业竞争优势；加速各部门之间的有效沟通；预知生产数据及生产计划，降低库存资金占用；有效地与国际市场接轨，方便国际间数据传输；减少行政管理工作，有效地进行数据管理及数据查询；提高了快速反应能力，从而提高了效率和经济效益。

据统计资料显示，使用CAD技术企业获得的收益表现在以下方面：90%的用户提高了产品设计的精度；78%的用户减少了产品设计与加工过程中的差错；76%的用户缩短了产品开发的周期；75%的用户提高了生产效率；70%的用户降低了生产成本。

3．计算机集成的服装生产系统

目前，Gerber公司的服装CAD系统通过高速以太网相互通信，通过网络将自动裁床、单元生产系统、管理信息系统以及其他的CAD/CAM系统连接起来，形成计算机集成的生产系统

CIMS。西班牙Inves（英维斯）公司服装系统的突出特点表现在应用人工智能和机器人等尖端技术方面，还开发了成本管理、缝制、仓库存储管理综合系统，即服装CIMS；瑞士日内瓦大学和瑞士联邦技术学院服装设计系统具有三维服装设计能反映服装穿着效果，能模拟着装模特实际行走；日本重机工业公司服装设计系统采用电子计算机基本信息的分散处理形式，在不同地点实现系统化及信息网络化；美国ComPuterDeign lnc公司三维时装设计系统能模拟不同布料的三维悬垂效果，实时地生成服装穿着效果图，实现360°旋转，从各个不同侧面观察模特着装的效果，如图1-8所示。

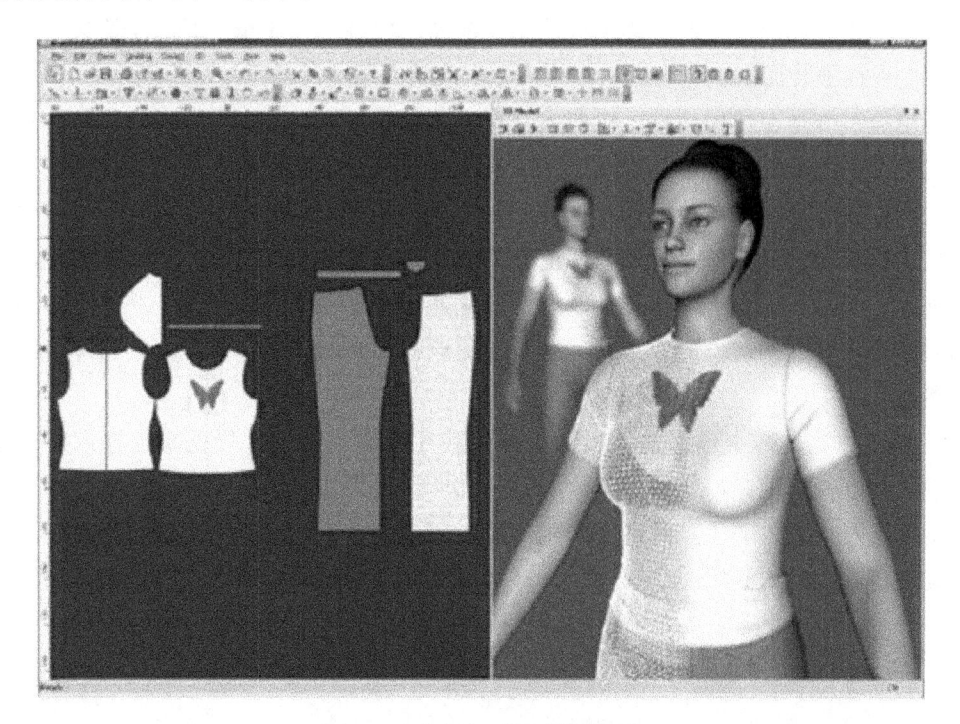

图1-8　服装电脑三维立体设计系统

如图1-9所示，CIMS系统能将设计、生产、管理、质量控制和财务管理、人力资源管理、销售等所有的运作环节进行集成，将来应该能够做到从信息收集整理、统计→款式设计→制板试样→修改定款→推板→裁剪制作→物流供货→销售管理→信息反馈到快速调整的一步设计。

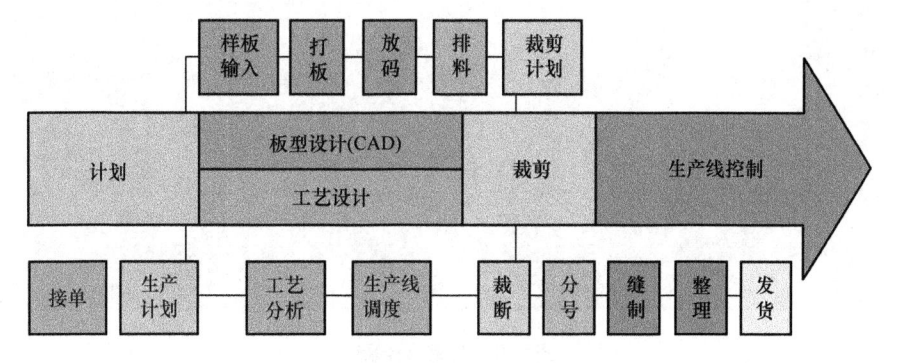

图1-9　计算机集成的生产系统CIMS

随着计算机科学和信息技术的迅速发展，服装CAD技术也以飞快的速度发展着，智能化、集成化、网络化仍然是现代服装CAD技术未来发展的总趋势，将极大地推进服装工业的发展，为提高服装行业的生产效益作出更大的贡献。

4. 服装吊挂系统

目前，服装生产属于劳动密集型生产，而生产过程是流水式作业。从原料布料开始，到裁剪、打样、车缝、包烫等，每个岗位都需要很多工人来作业。尤其是车缝部门，每台缝纫机或其他设备都有一个工人来完成一道工序，比如前幅、后幅、袖子等。服装厂报酬形式一般采用计件工资。如何对生产过程进行控制，提高、控制生产质量，是每个服装厂家面临的问题。改变现在服装加工企业生产结构改变生产现状的服装吊挂系统应运而生。

服装吊挂系统是在数控机械、机器人、自动化仓库、自动输送等自动化设备和计算机技术项目之上发展起来的生产单元或系统。该系统能提高设备利用率，缩短加工辅助时间，提高生产效率，减少半成品占地面积，保证产品质量，是适合高效率、多品种、小批量生产的系统。按人机作业方式，服装吊挂系统由吊挂衣片传输装置与计算机控制缝制机械组成。它与机械加工系统的不同在于计算机控制的自动化连续程度不同。机械加工系统可以做到全自动，而服装由于各缝纫机位的人工化，在自动化流程上是断续的，所以服装自动流水线系统需人工参与。

服装吊挂系统的基本理念是将整件衣服的裁片挂在衣架上，根据事先输入好的工序工段，自动送到下一道工序操作员手里，如图1-10所示。吊挂系统大幅度地减少搬运、绑扎、折叠、剪票据及重复的非生产时间。当生产员工完成一个工序后，只需轻按控制钮，悬吊系统就自动地将衣架转送到下一个工序站。还可以及时提供薪资报表，成本差异分析，每站实

图1-10 服装吊挂系统

际生产现况，每位员工详细薪资资料，潜力产能之条件与分析。有了这些宝贵的报告，可以满足现代服装市场多款式、短工期、高质量的要求。服装吊挂系统贯穿应用于整个生产流程，连接每一道工序，每条轨道接口设计成自动接通和分开，不会造成各道工序之间的堵塞。克服了传统人工搬运方式费时费力的缺点，提高了生产效率，改善了车间环境。在服装生产中，智能吊挂系统已成为服装企业的缝制工段实现柔性加工的基础，可满足多品种、小批量乃至单件的服装加工。

中国服装业的制造成本优势正面临着各种新型贸易保护和发达国家绿色标准门槛越来越高的挑战，加上中国的制造成本必将不断提高，这就使中国服装业继续走粗放型老路的利润空间越来越小。其发展活力不仅要受国内外市场供过于求的制约，也面临原料资源条件不足的制约。与此同时，其他发展中国家，尤其是我国周边国家，与我国竞争激烈。他们的劳动力成本比我国更低，产品结构又与我国大体相同，目前有一些粗加工产品的竞争力已经超过了我国。可以说，服装吊挂系统的市场前景是广阔的，它的出现可以说对中国服装行业是一次机遇，是一次变革，是全面展示企业整体形象、提升企业竞争实力的有力保证。

5. 服装企业信息化技术

随着20世纪末期和21世纪信息技术的突飞猛进，现代社会已从工业化迈入了信息化，进而促使各行各业都走了上信息化管理的康庄大道，服装产业更是如此。

服装企业信息化的实质就是实施动态化管理服装企业的各个流程，如订单、进仓、分配、收集资料、分析信息等，如图1-11所示。

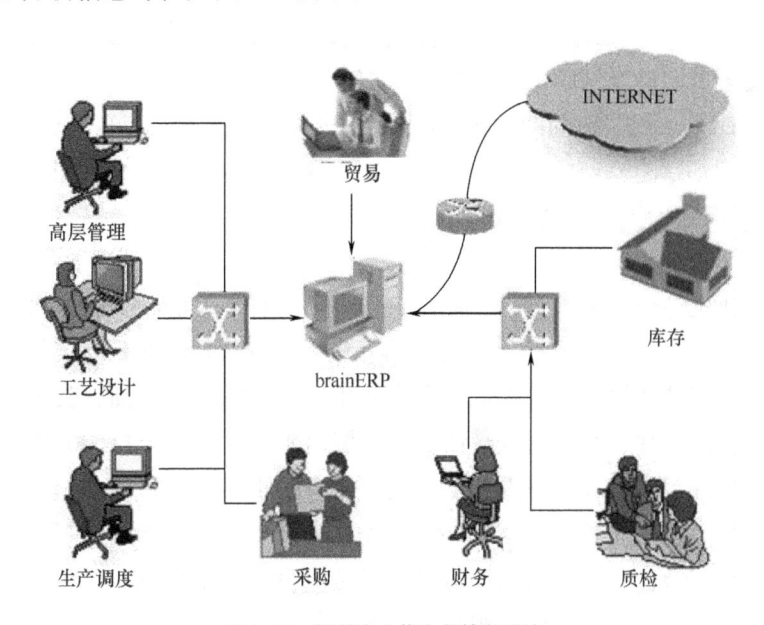

图1-11 服装企业信息化管理系统

企业实施信息化并不是单纯的软件应用，也不是单纯地进入电子商务领域，它涉及企业管理架构的重组，会触动企业的根本结构。先进的信息化管理系统提供的是一个整体企业运作模块，它蕴含先进的经营理念，科学的管理流程和敏捷的IT技术，将引导企业进入标准化的管理运作模式。

一般来说，服装企业在实现信息化管理的过程中要经历几个阶段，首先是总部实现信息化管理，依次将物流、货款、成本和面辅料等管起来，然后将信息网络扩展到外地分公司和办事处，通过分公司和办事处将下属各个销售网点的业务数据采集上来，然后再将信息网络进一步延伸到各主要直营店和加盟店，最后根据需要将所有店铺纳入信息管理系统，实现整个分销网络的信息化管理。

20世纪中叶，服装产业经历了从产品产量、产品质量到生产成本的竞争。进入21世纪，服装行业的市场竞争已转变为服装企业对市场的响应速度、服装产品品牌以及服装企业技术创新能力的竞争，进而促使信息化的开展是否能赶得上时代的步伐，成为服装企业成败的重要支撑。

在西方发达国家，自动化的管理体系和智能化的决策支持以及电子商务的应用已经十分广泛，信息化管理软件的发展及应用已经非常成熟。一些服装行业的知名企业早就在ERP的基础上构建了先进的物流供应链管理、商业智能、全面预算管理等一系列更为先进的信息化管理系统，而我国在这方面还有着比较大的差距。

不论是已经有一定信息化基础的大中型服装企业，还是信息化建设仍处于初级阶段的小型服装企业，为了应对激烈的市场竞争，它们制造成本的降低几乎走到了极限，销售额的增加也难有大的突破，对物流供应链的优化和细化成为企业的一个新出路。更重要的是，对物流供应链的优化和细化，并不仅仅是一个与效率和成本相关的话题，对那些希望加快自己的市场反应速度，更好地满足客户需求的公司来说，选择合适的供应链，就等于选择一个全新的腾飞机遇。只有借助物流供应链管理软件，把企业自身和它后端的供应商、前端的客户有机联系在一起，形成一条完整的供应链，服装企业才能冲出重围，再铸辉煌。

六、服装行业发展前景

纺织服装产业是一个永恒不衰的产业，它与人类的日常生活密切相关，只要人类存在，就要有着衣饰带，这个产业永远都会发展。近十几年来，随着全球一体化的整合，随着产业转移、产业升级步伐的加快，随着人们物质文化生活水平的不断提高，我国纺织服装产业得到了飞速发展，我国的纱、布、化纤、纺织品、服装等产品产量，自2005年来稳居世界第一位，几乎占到世界纺织服装总产量的半壁江山。未来的十年或更长的一个时期内，我国的纺织服装产业仍然是大踏步向前发展的趋势。首先，我国纺织服装产业的基础雄厚，并且有日益增长的衣着消费需求；其次，国际环境对发展纺织服装产业有利，自2001年我国进入WTO以来，打破了世界主要市场对我国歧视性贸易政策的束缚，为纺织服装工业拓展了更大的国际空间；再次，我国拥有非常广阔的国内市场，据2008年统计，我国人均纤维消费量已达到15公斤，已超过世界平均水平，接近发达国家水平，国际上产业用纺织品比重占纺织产业的30%，我国仅为11%，所以国内纺织服装工业的发展空间巨大。

纺织服装产业是国民经济中的支柱产业。据《经济日报》报道，英国贸易投资署日前发布的《英国时装行业价值》报告称，时装行业对英国经济的直接贡献为210亿英镑，间接贡献为160亿英镑。英国时装行业直接雇员81.6万人，是所有创意产业中雇员最多的行业，其产值在英国81个行业中排名第15位。

纺织服装产业是外向度较高的产业，龙永图先生讲："如果没有中国的纺织品出口，我国就不会加入世界贸易组织。"从这一句话上可以看出纺织服装产业在我国经济外向度上的分量。目前我国的纺织纤维加工总量已超过世界纺织纤维总量的1/3，纱、布、化纤、服装等主要纺织品产量均在全世界名列前茅。这句话的概念就是，在世界68亿人口中，穿用的纺织服装产品中有近一半都是出自中国生产制造，由此可见，中国已经成为世界纺织服装生产中心。在我国纺织服装出口方面，每年都上一个大的台阶。在我国纺织服装出口贸易方面，目前大多集中在沿海省区及外向型经济较发达地区，广东省占全国纺织服装出口总额的18.6%，浙江占23.8%，江苏省占16%，山东省占7.7%，因此可以说纺织服装产业既是民生经济，也是外向型经济。

纺织服装产业是一个发展前景深远的产业，是一个永远都会发展的产业。近十年来纺织服装产业在我国经历了大调整、大重组、大起大落、大浪淘沙的过程，十年间有的企业一跃成为世界老大、国内老大；也有些看似实力很强的企业，有的关门停业，有的则破产，等等，这类问题的出现，因素是多方面的，有的是市场竞争问题，有的是政策调整问题，有的是管理问题，也有的是人为失误问题。总之，这方面值得总结的经验教训很多，然而，不可否认的事实是，十年间我国纺织服装产业的发展规模翻了两番，今后，无论是从国家《纺织工业调整振兴规划》的制定出台来看，还是从我国纺织服装的产业实力来看，该产业仍然在坚持技术进步的前提下，向着加速促进产业升级，走可持续发展的道路的趋势迈进。

（一）纺织服装产业是我国经济发展的支柱产业

2008年2月4日国务院颁布的《纺织工业调整振兴规划》中明确提出：纺织工业是我国国民经济的传统支柱产业和重要的民生产业，也是国际竞争优势明显的产业，在繁荣市场、扩大出口、吸纳就业、增加农民收入、促进城镇化发展等方面发挥着重要作用。从全国各省区看，凡是发展较快的地区，其纺织服装产业都对当地经济起着支撑作用，如浙江宁波的雅戈尔、杉杉集团、申州集团，江苏苏州的波司登集团、大红鹰集团、华芳集团，广州市的小榄镇集群、张槎镇集群，山东青岛的即发集团、滨州的魏桥集团，等等。以上企业的产值利税都在50亿元以上，有的已超过100亿元，可见纺织服装产业的发展促进了地方经济的快速振兴。

强调纺织工业是我国国民经济传统支柱产业的重要意义，主要在于两个方面。一是从国内形势来看，纺织工业在相当长时间内都将是我国重要的民生产业，13亿人口的庞大消费总量决定内需市场必须依靠我国自身纺织产业来满足；纺织工业吸纳了2000万劳动力就业，其中80%来自农村；我国棉、毛、麻、丝年产量共达900多万吨，关系到1亿多农民的生计。二是从国际形势来看，纺织工业是我国国际竞争优势明显的产业之一，在全球纺织贸易市场占有1/3左右的市场份额，在全球纺织产业格局中具有产业链完整、配套能力强、专业分工明确、劳动力成本低等不可替代的地位，并且在相当长时间里，这种格局不会改变。

纺织服装产业是民生产业，也是高就业率产业。目前和今后一个较长的历史阶段，中国仍然是一个发展中大国，就业是民生之本，纺织服装产业作为劳动密集型产业之一，是解决地区就业、调节劳动力结构的重要产业。据统计，我国直接从事纺织服装用工人数达到4000万，占到全国工业就业人数的14%。如果按从制造销售、生产加工到棉花种植一条产业链来统计，用工人数已达到9000多万，其中80%为农村转移劳动力，仅增加就业和提高农民收入，就为国家减轻了不小的负担和压力，如图1-12所示。纺织服装产业之所以也是调节一个地区劳动力结构、调节就业渠道的一个重要产业，是因为一个城市和地区不可能所有人都从事高新技术，不可能都去从事服务业，也不可能都去从事装备制造业。对那些大量的中等知识阶层又不能从事重体力劳动的一般劳动者而言，从事纺织服装产业等轻工业就业是最合适的选择，从浙江、广东、江苏等许多就业率高的地区经验看，一个地区的市场繁荣、人财两旺的形势均与纺织服装产业的兴旺发展有着直接关系。

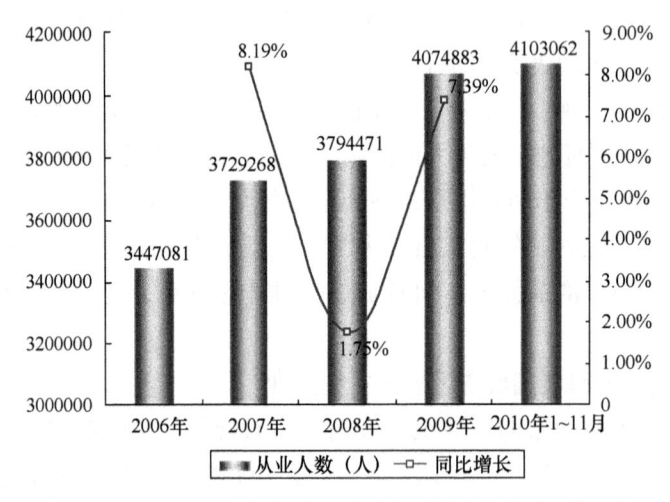

图1-12　2006~2010年我国纺织服装制作业从业人数增长趋势图

（二）国内市场前景广阔

内需持续稳定扩大为行业发展提供了良好市场条件，我国规模以上纺织企业内销比重已由2000年的67%提高到目前的77%。"统筹国际国内两个市场"在规划中被放在突出位置，是因为市场是纺织工业发展的重要基础，统筹两个市场，是纺织业当前也是今后的一个重要课题。

国内市场是我国纺织业发展的第一驱动力。从衣着类消费来看，尽管我国人均纤维消费量已从2000年的7.5公斤增长到目前的15公斤左右，但与发达国家人均纤维消费量30公斤到40公斤相比，还有很大差距。从家用纺织品来看，随着新居数量的增加和消费水平的提高，每户平均都有10公斤到20公斤的家纺消费量。"目前，尤其在我国广大农村，纺织服装消费量依然还很低。这些都意味着我国纺织服装内需市场还有巨大空间和潜力。"

我国内需市场还存在新的增长点。比如在基础设施建设、卫生医药等领域可以广泛应用的产业用纺织品，目前在我国纺织大行业中只占到15%的比重。而随着国家加强基础设施建设政策效果的逐步显现，预计今后三年产业用纺织品会以更快速度发展。2008年，我国产业用纺织品纤维消费量是600万吨，三年内年均增加100万吨，2011年达到900万吨，市场前景广阔。

（三）国际市场仍有空间

中国纺织业在全球纺织产业格局中不可替代的地位，中国纺织品的竞争优势以及国际新兴市场纺织品服装需求量的增长，都让人有理由相信：在拓展多元化出口市场、稳定国际市场份额上还可大有作为。

从目前国际市场形势和全球纺织产业格局来看，拓展多元化出口市场，稳定国际市场份额，我们仍具备有利条件。由于我国纺织业目前在全球纺织产业格局中不可替代的地位，我国纺织品在国际市场仍具有很强的竞争力，具有产业配套齐全、专业分工强、成本低、竞争力强等多种优势，因此在国际市场上还有很大潜力可以挖掘。

目前我国纺织品出口市场主要有三个层次。

1. 美国、欧洲、日本等发达国家和地区

尽管2008年这个市场出现了很大波动，我国对美直接出口总量没有增长，但市场份额却增加了1.75%，对欧盟出口总额增加了37%。

2. 东南亚邻国

经过多年发展，我国纺织业跟东南亚邻国产业链结合越来越紧密，2008年对其出口的化纤、纱线、面料等都大幅增长。

3. 俄罗斯、拉美地区和非洲地区

这一新兴市场纺织服装需求量近年增长很快，但由于其自身加工能力不足，也为我国纺织业提供了良好的机会。

（四）全球金融危机给我国服装产业带来的挑战和机遇

国际金融危机发生以来，价格在出口中成为非常敏感的因素。目前国际市场高档名牌产品的消费比重大幅下降，而大众化产品的消费比重持续上升。在消费结构向低端产品转变的过程中，我国企业如能及时跟进，将可凭借质优价廉物美的产品在销售额增长方面成为赢家，分得更大国际市场份额。

在国际金融危机影响下，尽管2008年我国纺织品服装出口增速出现回落，但我们的国际市场份额并没有减少。通过调整出口产品结构、提高出口产品附加值，中国纺织品的国际份额还可以继续提升。

同时，出口退税率的上调，也将对我国纺织品服装出口产生积极作用。2008年8月和11月，国家将纺织品服装的出口退税率分别上调了2%和1%。出口退税率每提高1个百分点，将会为企业省下一大笔可用资金。这是一个普惠性的政策，对于缓解国际金融危机给我国纺织企业带来的压力，对于振兴整个纺织行业、促进就业都具有积极作用。

七、我国服装产业发展特点分析

（一）服装产业集群概况

围绕着专业市场或出口加工生产，目前中国服装的主产区浙江、福建、广东、江苏、河北等地，形成了众多以产品品种为导向的区域性产业集群，发展速度明显高于其他地区，它们正以高效率、低成本吸引着越来越多的国内外客户和订单。

产业集群区域具有很强的产业综合竞争能力，主要表现在较低的生产成本、交易成本、政策成本和体制、整体协调优势几个方面。从而使这些地区成为海外投资及港台制衣业内迁的首选。

产业集群不仅是产业成长过程中的历史现象，也是提升产业结构的重要组织特征，是中小企业以区域聚集取代企业规模，从而达到规模效应的一种重要区域发展方式。

服装行业的分布，不仅体现了行业特点，也体现了交通和原材料特征，是行业和区域以及原料特征三者结合的充分体现。总体上看，行业主要分布在华东地区，这样分布的原因大致有以下三方面：一是区域经济发展的影响。一般来说，这些地区经济发展较快，经济比较发达，交通设施便利。二是由于服装出口运输的特点，一般较多集中在沿海地区。三是服装生产的原料纺织行业也大多分布在华东等沿海地。

广东、浙江、江苏三省长期以来一直是服装企业分布的传统大省，企业总数超过全国的57%，集中了服装产业主要产能。相较于2008年，安徽省以3.1%的份额新晋全国服装企业数量第8省份，2009年服装产业发展较快，与国家的服装产业梯度转移政策有一定关系。北京市份额达到1.81%，份额排名达到全国第10位，服装产业作为北京市行业重要性有所上升。

（二）服装行业以小型企业为主

截至2009年11月，我国服装行业内共有规模以上企业16819家，其中大型企业有51家，占0.30%；中型企业1369家，占8.14%；小型企业15399家，占91.56%。大中型企业的数量比例较少，小型企业数量占有绝大比例，如图1-13所示。

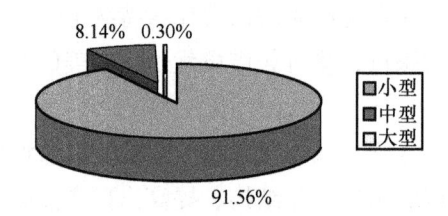

图1-13 服装企业规模数量比例

服装行业是劳动密集型行业，投资较少，进入与退出壁垒较低，因此一直以中小型企业为主。中小企业对市场变化能及时作出调整，在消费品需求个性化的时代，部分中小企业往往能运用自身专业化的特点取得规模化生产的企业无法获得的订单。但是，中小企业以民营企业居多，资产有限，管理水平偏低，在市场中抗风险能力较弱。

根据目前我国服装行业的企业发展趋势，进一步壮大我国服装业，立足于越来越激烈的国际竞争必须适当推进兼并重组，提高行业的集中度水平。

（三）江苏地区服装产业现状

江苏省的服装行业在全省国民经济中占有重要的地位，2009年服装行业销售收入全国排名第一位。江苏省服装行业经济保持快速、持续、健康的发展势头，由于纺织原料生产企业大多集中在沿海地区，江苏地区的服装行业也就有了很大的发展空间。2005年，江苏省服装占全国比重为15.60%，2006年为17.23%；2007年占比为18.53%，达到近年来的高点；2008年后逐年下滑；2009年占比16.39%，江苏省服装产量进入了成熟期。

（四）南通地区服装产业特点

南通，作为我国著名近代纺织工业基地，作为全国著名的纺织之乡、外贸服装出口基地之一，服装业一直是传统优势产业。2007年，南通市有服装企业3000多家，其中年销售超过500万元的企业412家，产品远销世界各地。纺织服装加工业已成为南通地方经济的支柱。自清朝末年，张謇在南通兴办纺织业，棉纺织生产能力占全国华商纱锭的8.4%，居第三位，南通成为中国民族工业的发祥地之一。经过多年的发展，南通市形成了以轻纺工业为主体的纺织、轻工、仪表、机械、电子、化工、医药、建材、造船、电力等多门类的工业体系，轻重工业比例为65.54：34.46。实现国内生产总值超千亿、财政收入超百亿，城市综合竞争力位居全国第三十二。仅纺织服装业，2008年1至9月规模以上企业实现工业增加值131.24亿元，占全市规模以上工业比重32.11%；销售收入473.55亿元，实现利润21亿元。2007年，南通市全市主要工业产品产量服装7.65亿件，比上年增长4.3%，2007年限额以上贸易企业零售额分类服装鞋帽、针、纺织品类比上年增长18.5%。纺织服装业又是南通市出口贸易的主体，2010年，全市纺织服装业外贸出口53亿美元，在全市外贸出口占比37.6%，其中服装业外贸出口28亿美元，在全市外贸出口占比20%，占全国服装出口总量的1/48，出口总额名列全国第二，在统计数字上仅次于上海，鉴于南通服装出口部分从上海口岸出境，实际出口量为全国第一。为此，南通获得了中国服装出口基地的称号，世界上许多大牌名牌服装几乎在南通都有生产加工基地。

1. 南通是全球服装供应链中的加工基地之一

中国是全球供应链中的加工大国，作为拥有十几亿人口、国土面积庞大、资源丰富的大国，伴随着对外开放后的经济高速发展，尤其是加工贸易的发展，中国与全球供应链的联系不断加强，在全球供应链中的所占的比重越来越大，欧美的任何一个跨国公司，在进行全球战略规划、构建全球供应链时都不可能不考虑中国。

南通服装加工贸易的原材料及配件进口主要来自周边国家和地区，根据海关数据统计，近年南通加工贸易的进口来源地依次排名为日本、中国台湾、东盟和韩国，而加工贸易出口的地区则主要集中在日本、美国和欧洲。

纺织服装生产基地的南通，服装生产企业数量众多，服装业是本地区的传统行业和特色行业，在区域经济和出口创汇中占有很大的比重，是地方支柱产业之一，南通没有自己真正的服装供应链运行体制。南通服装企业运行模式主要依赖来料加工和出口贸易。

2. 南通服装产业的传统优势

南通作为我国著名近代纺织工业基地，服装业一直是传统优势产业。2010年，南通市全市主要工业产品产量服装7.65亿件，比上年增长4.3%；限额以上贸易企业零售额分类增长，服装鞋帽、针、纺织品类比上年增长18.5%。

南通是江苏省的服装大市，也是我国重要的服装产业集群地，是我国服装出口基地之一。据统计，2010年全市外贸出口额90.22亿美元，其中，服装出口34.77亿美元，占出口总额的1/3以上。全市纺织服装业完成出口交货值403亿元，占全市比重保持四成，同比增长24%，行业外向度34.3%。产业集中度和外贸依存度较高，具有较强的竞争力，在业内享有较高的知名度，其强大的加工出口能力，为南通赢得了"服装大市"的美誉，也荣获了"全国服装生产出口十大基地之一"的称号。

集群经济的发展是南通纺织工业近几年发展的一个亮点。2002年海门三星镇被中国纺织工业协会命名为"纺织产业特色城镇"；2003年通州市被命名为"中国纺织产业基地市"，川港镇被命名为"中国家纺绣品特色名镇"；海门市、海安县被江苏省纺织工业协会命名为"江苏纺织产业基地县（市）"；海安县李堡镇被授予"编织特色名镇"。南通地处全国经济发展最快的长三角区域，纺织原料资源相对丰富，劳动力素质相对比较高；南通纺织企业的市场信誉、企业形象、技术支撑在"十一五"期间提高较快；加上各级政府对纺织业的重视与支持，既作为传统又作为支柱的南通纺织具有地域和人文等方面的优势。

3. 南通服装产业集群优势分析

南通纺织服装业产业链完整，通过百余年的发展，南通纺织服装业目前已经形成一批具有较大规模的行业企业集团，形成纺织工业生产的集聚效益。

南通是全国闻名的纺织工业基地，有比较完善的纺织工业体系，纺织基础雄厚。南通不仅拥有有纺、织、染等比较齐全的纺织工业加工生产能力，而且汇集了大量各种类型的为纺织工业配套服务的纺织机械、染料化工、纺织器材等行业。目前，从南通财税收入看，机械、化工已取代纺织，成为南通的支柱产业，这将为南通发展提升纺织机械、印染业的产品质量和档次提供有力支撑。

外部的集聚经济使纺织企业扩大了市场销售，迅速传递市场信息，降低了交易成本。产业集聚效益带来的节约和辐射功能使众多的纺织企业受益。这样就不难理解中西部纺织企业为什么在拥有低工资的优势的情况下，企业并不在经营上占优反而陷入被动局面的原因。传统的比较优势理论面临的挑战便是现代的市场信息、市场手段带来的成本节约可以改变工资成本的劣势。

根据中国纺织工业协会及各专业协会发布2007年度中国纺织服装各行业竞争力前10强企业名单中，南通有江苏大生集团分列棉纺行业第8位，鑫缘茧丝绸集团股份有限公司列丝绸行业第4位。

改革开放30年来，服装企业发展迅速，在2007~2008年度中国纺织服装企业竞争力500强排行榜中，南通海林集团有限公司、江苏金飞达服装股份有限公司、南通泰慕士服装有限公司、南通联发制衣有限公司、南通科尔纺织服饰有限公司等榜上有名。

纺织服装行业充分发挥资本市场的优势，培育了江苏三友、金飞达、综艺股份等多家上市公司。纺织服装企业的发展速度加快。

纺织产业集群是推动行业发展的有效组织形式，是一条优化资源配置，促进地方经济发展，提高产业竞争力的成功途径。近几年，南通形成了羽绒、丝绸、家纺、色织、服装等一批专业特色明显、聚集效应显著的区域产业集群，不仅推动区域经济发展，而且产业集群正在提升，促进纺织服装产业升级，着力打响纺织服装整体品牌，迸发出打造区域品牌的力量。

以南通通州先锋镇的色织品牌为例，改革开放以来，南通通州先锋镇以领先的理念站在历史的潮头，工、农业生产取得突飞猛进的发展，特别是色织工业在全省乃至全国颇有名气。全镇已有各类个私企业300多家，个体工商户1000余家，拥有各类织机6000余台，形成年产色织布3亿米的能力，而且具有较高社会集约化生产水平，从棉纱染色→织造→印花→后整理，配套成龙，带动了当地服装、床上用品业的迅速发展，从而推动了地区经济的繁荣。

先锋镇财政的90%、工业销售的80%、农民收入的70%来自色织业，色织业对全镇经济发展的贡献率达到85%以上。在"全民创业、龙头企业带动、市场引导"三股合力的推动下，以十六里墩村、花园村、双盟村、海洪桥村、秦家埭村为中心的色织板块经济初具规模。

南通纺织服装产品远销欧美、日本、东南亚等十几个国家和地区。随着中国加入世贸组织，国际上对我国纺织品配额制度的逐步取消，先锋色织业迎来了新的发展机遇。取得了新发展，这主要是坚持了两点：一是坚持科学发展观，走可持续发展的路子；二是在纺织产业结构调整的大前提下，以装备提升带动产业升级。2008年江苏国际服装节上，全镇又展示了最新女装产品可选用的色织面料，效果很好，说明了色织业的前途很光明，先锋镇已在技术装备、产品提升、新品研发和品牌建设等方面，加快推进了先锋色织业向高层次健康发展。要用5年时间，打造出省级色织著名商标和色织品牌，使先锋镇的色织产业迈上一个新台阶。现在已从广告宣传、技术平台等方面支持企业进行品牌打造和产品创新。

（五）我国服装生产主要模式

中国服装工业在经过20多年的快速发展的同时，为了适应激烈的市场竞争，服装工业的生产根据行业的发展和市场的需求，形成了多种生产模式，主要包括以下几类。

1. 品牌服装生产

品牌服装生产指服装生产企业生产自主拥有并得到消费者广泛认可的品牌服装，它必须有一个或几个属于本企业注册商标权的品牌。这类企业一般拥有雄厚的资金、庞大的生产规模并配有自己的科研、设计、开发队伍。如雅戈尔、波司登、七匹狼这些品牌企业都属于集团化公司，目前均以内销为主，有些实力雄厚的企业也在以自己的品牌将产品打入国际市场。

【案例】波司登

波司登，这个发轫于苏南农场、崛起于中华大地、扬名于国际市场的中国纺织服装领军品牌，品牌价值达162.20亿元。2009年销售收入超过110亿元，上缴税收超过7亿元；波司登荣登入选睿富全球排行榜"中国最有价值品牌"。与此同时，先人一步的波司登在整合品牌资源、引领产业转型升级、实现结构调整上大步伐跃进，成绩亮眼，世人瞩目。

波司登连续15年代表中国防寒服向世界发布流行趋势，"件件是精品，款款都流行"，波司登推出的每一款羽绒服都成为经典，成为时尚风标；市场上，波司登屡创销售奇迹，旗下羽绒服品牌连续多年占据国内市场半壁江山，成为中国羽绒服行业公认的领舞者。

早在1999年，"波司登"羽绒服就第一个以中国名牌成功打入瑞士市场。并在日本、美国、俄罗斯等68个国家和地区注册了"波司登"商标和"波司登"网络域名。如今，在纽约、东京、温哥华、巴黎这样的时尚之都，都能找到"波司登"的品牌标志。波司登正全力打造国际化品牌，已与美国杜邦、日本伊藤忠等强强联合，共同开拓国际市场；并成为NIKE、BOSS、TOMMY、GAP、POLO、ELLE等一大批国际著名品牌的合作伙伴。其产品已成功打入日本、美国、加拿大、俄罗斯、瑞士等众多国家和地区市场。

对企业而言，品牌就是财富，品牌就是力量，品牌就是生命，品牌就是希望。

2. 贴牌服装生产

贴牌服装生产指服装生产企业使用订货商提供的品牌进行生产的一种模式，其在国际上称为OEM。贴牌服装生产企业在我国服装企业中占据过半份额，这些企业中少数专门为某一国际名牌贴牌生产，多数是承接各国各种品牌的贴牌生产，它们共同的特点是由客户下订单，并提供品牌、样衣、原辅材料的样本以及服装生产工艺单，按客户的指令进行生产。

【案例】贴牌大市走创牌之路——自主创新：南通服装的发展方向

南通，作为我国著名的纺织工业老基地，服装业一直是传统优势产业，产业集中度和外贸依存度较高，具有较强的竞争力，在业内享有较高的知名度，其强大的加工出口能力，为南通赢得了"服装大市"的美誉，也荣获了"全国服装生产出口十大基地之一"的称号。南通服装业绝大多数企业没有自主品牌，长期以来以贴牌加工为生的现状，也让南通"服装大市"有了"贴牌大市"的别名。南通服装业经过多年的发展，形成了"三多三少"的特点：一是企业众多，有影响力的少；二是出口量多，内销量少；三是贴牌加工多，自主品牌少。其中贴牌已成为南通服装业最显著的特点，也成为南通服装业生存的依靠。

南通95%的企业从事贴牌外销，其中有相当一部分为国际知名品牌做贴牌，产品主要销往日本、东南亚、欧美等地。长久以来，贴牌成为南通服装企业的主要生产形式。一方面，南通服装生产企业优良的产品质量深得客户的认可，不少企业成为国外品牌代理商的常年合作生产伙伴，相对稳定的订单，使不少企业保持稳中有升的状态。另一方面，由于服装贴牌技术障碍小、投资少、风险小、见效快，在南通全民创业的热潮中往往被许多创业者作为首选项目。因此，近年来整个服装行业保持稳步增长态势。

从事贴牌生产，加工企业必须严格按照合同规定的质量、规格及技术指标要求进行生产，否则就会承担索赔的巨大经济损失。为达到品牌特别是国际品牌代理商的认可，生产企业必须按国际品牌标准对自身进行一系列的技术改造、质量管理以及生产管理的提升。因此，南通服装企业生产的产品普遍质量上乘，很多已达到了国际一流水平。

贴牌为南通服装行业提供了一定的生存空间，也给服装业的进一步发展带来了隐患。

（1）全球经济一体化进程加快，使贴牌之路越走越窄。

近年来，廉价劳动力的优势渐减，随着经济国际化进程的加快，一些后起的发展中国家服装加工业及其出口发展迅速，以其价格低廉的资源和劳动力，形成了较强的综合竞争能力，对南通服装贴牌生产企业特别是为中低档产品贴牌的企业形成了较大的竞争压力。目前，中国加入世贸组织步入后配额时代，南通服装企业虽然有很强的生产能力和加工水平，但由于缺乏自创知名品牌，难以打进高档国际市场，而没有自主品牌的服装以物美价廉的特色大批量进入欧美市场时，难免遭到反倾销的强力阻击。此外，今年以来，人民币升值及出口退税率的降低更增加了贴牌出口企业的危机。

（2）贴牌使本地企业同质化，竞争日趋激烈。

以贴牌为主的南通服装企业，缺少自主品牌等个性化的核心竞争力，业内企业相近的产品品种、相仿的生产设备、相似的管理模式、相同的销售市场，导致本地企业间同质化竞争日趋激烈。一些企业为了争得同一份订单相互压价，使贴牌生产本来就不多的利润空间更为狭小。

（3）贴牌生产难以使企业成长壮大。

贴牌生产受制于人，命运掌握在别人手里。企业规模越大，对订单的要求也就越大，相应的风险也就越大，因此，许多企业在稍有规模后就不愿意扩大生产。目前，南通服装企业虽然数量多但规模都不大，特别是具有较强竞争力的大企业较少。

目前，服装行业整体面临着重新洗牌的局面，南方一些品牌企业兼并南通服装企业的苗头已经出现，南通服装企业开始意识到如果没有自主品牌、没有自我特色，只以赚取少量的贴牌费为生，早晚可能成为被兼并的对象，南通服装企业已经感到创品牌迫在眉睫。

3. "外发"加工生产

"外发"加工生产指大中型服装生产企业或服装出口贸易公司将自身生产力不能消化的订单转给那些无力直接承接订单的小型服装企业进行生产的模式。这种小企业可以不设开发部，甚至不设技术部和裁剪车间，只需十几台或几十台缝纫设备，再招一些车工，就能进行生产。这些企业的负责人大都是较大企业的技术人员或者高层生产管理人员，积累了一定的经验和原始资本开始自己创业。

4. 服装出口贸易

服装出口贸易指专门承接国外服装订单的贸易企业，接到订单后，自己并不加工生产，而是将其外发或外包给各种服装生产企业进行加工，然后付给加工费或收购，再卖给国外客户。服装出口贸易企业主要工作人员有接单员、理单员、跟单员、采购员。

八、服装行业发展对技术类人才的需求

科技的发展、人类的进步都离不开人才。只有通过确立人才的核心竞争力，才能进行产业升级、技术创新，发展知识经济，打造创新型国家。中国服装业为了适应未来的需要，必

须培养高素质的设计、技术、管理及销售等方面的应用型人才。

（一）人才类型的种类

社会发展、经济进步对人才的需求是多样化的，社会人才的合理结构是社会正常运行的必要条件。从社会学的角度出发，一定社会的人才需求结构包括三方面的基本含义：一是总量需求，二是层次（初级、中级、高级）需求，三是类型（理论型和应用型）需求。在人才的需求结构中，人才的总量结构和层次结构的变化，主要是随区域经济发展和产业能级的提升而变化，而类型结构的变化，是伴随科学技术的发展与社会分工的演变引发职业岗位日益分化或复合的发展趋势下所发生的，其中人才类型需求的变化是反映社会人才需求结构最为明显的标志。

从生产或工作活动的过程和目的以及人力资源在社会活动过程中的主要功能角度，人才类型总体上可分为两大类：一类是发现和研究客观规律的人才，另一类是应用客观规律为社会谋取直接利益的人才。前者称学术型人才（科学型、理论型），后者称应用型人才。应用型人才中，尚需再划分为三类，即工程型（设计型、规划型、决策型）人才、技术型（工艺型、执行型、中间型）人才、技能型（技艺型、操作型）人才，如图1-14所示。

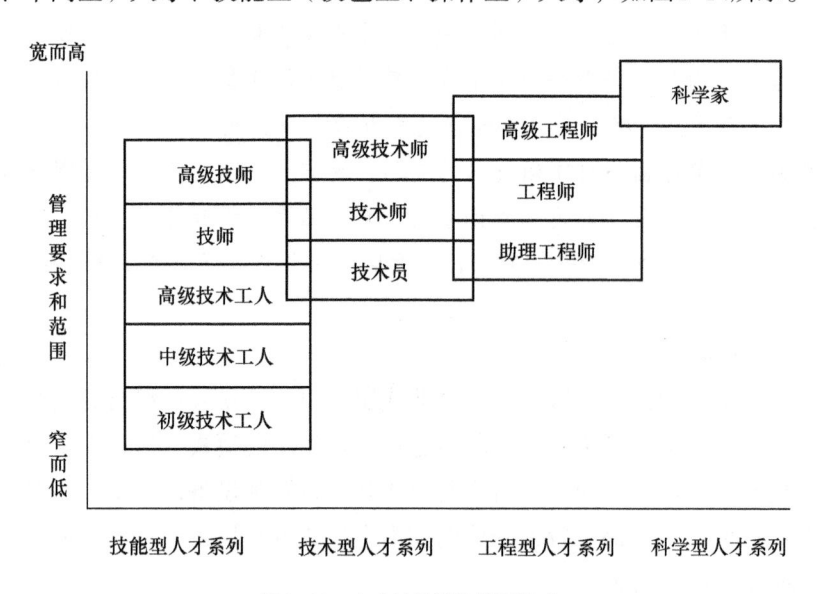

图1-14 人才结构的阶梯形模式

技能型人才是指在生产和服务等领域岗位一线，掌握专门知识和技术，具备一定的操作技能，并在工作实践中能够运用自己的技术和能力进行实际操作的人员。随着科学技术的飞速发展，对技能型人才的要求也越来越高。服装制板与工艺、针织服装等专业培养的就是从事服装生产和管理等领域岗位一线，掌握专门知识和技术的高素质技能型人才。

由于技术型人才的任务是为社会谋取直接利益，因而，他们常处于工作现场或生产一线工作。在人类社会劳动的链环中，他们处于工程型人才和技能型人才之间，所以国外也有称之为中间人才（Middle Man）。技术型人才将工程型人才的劳动成果——设计、规划决策（如产品设计、产销决策等）通过自己的劳动转化为物质形态（产品、工程等）或对社会有关方面（城市发展、经济发展等）产生具体作用。

技术型人才是一种智能型的操作人才，因此也需具备一定的学术（学科）能力和基础学科课程知识，但这种能力和知识的要求远不如前两类人才高，而是更应强调理论在实践中的应用，这方面的知识满足"必需、够用"即可。与工程型人才相比，技术型人才需具有更宽泛而不是更专深的专门知识面，综合运用各种知识解决实际问题的能力也应更强。同时，由于技术型人才所从事的生产现场的劳动常常是协同工作的群体活动，因而在人际关系能力、组织好群体的能力、交流能力等关键能力方面也有很高的要求。社会对这类人才的需求量很大，主要由高等职业教育（大专）来培养。

20世纪60年代以来，技术的发展更为迅猛，经济全球化的趋势日益强烈。这两个因素使得每个国家都处于急剧的国际竞争中，这种竞争的核心是技术竞争。因为只有不断提高企业的技术水平和管理水平，才能保证企业产品的市场地位。这样，技术人才在现代社会中的重要性就不断提升。

技术类人才处于社会总体劳动链环的终端，是社会物质财富的直接创造者，是社会运行过程的具体操作者，其重要性是客观存在的。对技术类人才的忽略和轻视，社会发展都会受到严重影响。

联合国教科文组织（简称UNESCO）总干事马约尔先生在1999年的"第二届国际技术与职业教育大会"上说："未来，促使一个国家社会经济腾飞的骨干力量是专业技术人员。"

（二）服装行业发展对技术类人才的需求

加入WTO后，我国逐步成为"世界制造中心"。为增强世界竞争力，服装行业已广泛使用先进的服装技术。随着私营企业、民营企业经济的飞速发展，企业升级改造、经济结构调整及大规模的行业转移，大量新工艺、新材料、新设备投入使用。为提高工作效率，改善产品质量，服装设备和技术升级已是大势所趋，服装实用型、技能型人才的需求将会更多。虽然目前服装行业深受全球金融危机的影响，行业发展和出口均出现萎缩，大批行业从业人员失业，但是技术工人和技术含量较高的岗位的人才需求仍相当旺盛。

目前我国服装设计与工艺水平同欧美等世界先进国家的水平还有着很大差距，有影响力的服装设计师和工艺师还不到总就业人数的3%，其比例仅为发达工业国家的1/10。现有的很多服装机器设备未能充分利用，服装专业人才的匮乏是主要原因之一。行业发展迫切需要大量从产品设计到产品制作加工的各个环节各个层次的技术人才，尤其是应用型高素质技能型人才。

以服装制板师为例，中国在职的制板师中，受过高等教育的不足10%，受过专业训练的不足6%，绝大部分制板师都是裁缝出身。据调查，我国现在5万多家服装企业，其中七成企业缺少合格的服装制板师。我国近年内大约需要10万名服装制板师，而目前市场供应远远不够。许多企业以十几万元的年薪聘请制板师，有的企业甚至花百万重金到法国、意大利聘请服装制板师。

如图1-15所示为中国服装人才网发布的2012年5月最热职位需求情况的统计数据，制板师、生产厂长、跟单员等技术类人才岗位需求均呈上升趋势。

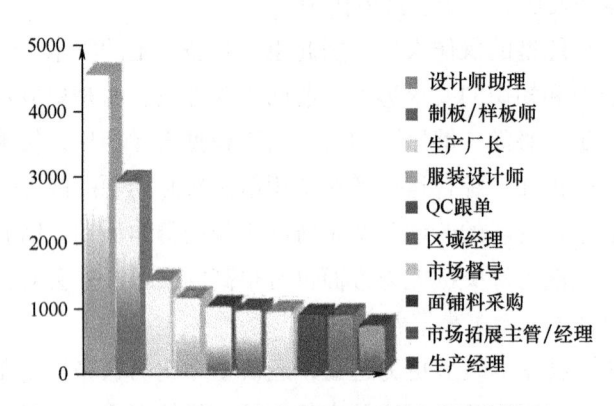

图1-15 2012年5月我国服装最热职位需求情况

据英才网联旗下服装英才网最新统计数据显示，截至2011年6月30日，北京服装行业人才需求较去年同期相比增长17.9%，呈现平稳增长趋势；上海服装行业人才需求同比增长20.3%，增长幅度平稳，且略高于北京；深圳服装行业人才招聘需求同比增长77.1%，人才需求增长迅猛，且已经远高于北京和上海的人才需求增长幅度。杭州服装行业上半年人才招聘需求与去年同期相比增长94.3%，增幅接近一倍；南京服装行业上半年人才招聘需求与去年同期相比增长幅度超一倍，达140.2%；天津服装行业上半年人才招聘需求与去年同期相比增长幅度最大，达273.1%，增幅接近三倍。

（三）我国主要地区服装人才需求情况分析

1. 长三角地区服装专业人才需求分析

长江三角洲简称为长三角，它与珠江三角洲和环渤海地区一起成为主导我国经济发展的"三驾马车"，其中长江三角洲凭借得天独厚的区位优势、资源优势对中国经济的影响最大。长江三角洲地区是纺织服装产业集群比较发达的地区，根据中国服装协会对各地区的调查，中国现有39个中国纺织工业协会命名的服装特色城镇，有14个分布在长三角地区，长三角地区占了总比例的36%。

长三角纺织服装加工类型主体为内外销结合型企业居多，占51.4%，外贸加工型企业占36.8%，纯内销型企业占11.8%，说明目前长三角服装企业类型为内外销兼营或外销企业模式的占主体，企业的生产模式以外销加工为主体。

在关于长三角地区服装企业对服装设计、生产管理、工艺技术管理等12个岗位的需求情况调研中发现，其中服装企业对于打板制板的岗位人才需求量在3~4名的占调研总数的55.6%，流水线管理占调研总数的44.4%。企业岗位需求量在1~2名的设备管理占调研总数94.4%，跟单员占55.5%服装设计占44.4%。由此可见，目前长三角纺织服装企业对打板制板、流水线管理、设备管理、跟单员等岗位人才的需求较为明显，见表1-1。尽管长三角地区的人才较集中，但接受过纺织服装研发、生产理论和实践训练的专业人才比较短缺。

表1-1　企业岗位需求情况

问项	企业岗位需求量			
	1~2名	3~4名	5~6名	10名以上
1. 服装设计	44.4%	16.6%	5.5%	—
2. 生产管理	27.8%	38.9%	11%	5.5%
3. 工艺技术管理	50%	27.7%	11%	5.5%
4. 打板制板	22%	55.6%	16.7%	—
5. 计算机应用	50%	22.2%	11.1%	—
6. 流水线管理	27.8%	44.4%	22.2%	5.5%
7. 设备管理	94.4%	—	—	—
8. 商务洽谈	5.5%	33.3%	27.8%	5.5%
9. 跟单员	55.5%	22.2%	—	—
10. 质检员	22%	27.8%	16.7%	11%
11. 营销员	11%	16.7%	11%	—
12. 面料分析	33.3%	22.2%	—	—

2. 南通市服装专业人才需求分析

江苏省是仅次于广东省、浙江省的全国第三大服装生产基地，是我国服装生产的主产区。随着我国市场经济体制的进一步完善，尤其是我国加入WTO后，市场竞争势头迅猛，由于面临全球化金融危机的影响，服装企业的发展面临了新的机遇和新的挑战。目前，服装企业的生产特点呈现两大趋势：一是从事单一型服装"来样来料加工"；二是从单一型来料加工逐渐向品牌开发转型，依托现有品牌形象，立足国内市场瞄准国际市场。服装企业的两大发展趋势，反映了企业不仅需要大批具有较高专业技能和专业知识的一线技术工人，而且越来越迫切地需求集设计、制板和精通服装CAD和CAM的复合型专业高级技术人才。

江苏省服装企业有几千家以上，南通的纺织服装企业占据了半壁江山。这些服装企业分两大类。一类为服装外贸公司（外贸加工），较大型的企业有江苏南通三友集团公司、江苏天一服饰有限公司、南通隆都制衣有限公司，较小型企业也有不少；另一类为时装内贸品牌企业（以设计、制作为主），较大型的企业有三明服饰有限公司、摩登服饰有限公司、劲草服饰公司等。

随着近年来中高职、大专本科院校服装专业的学生以及社会短期培训的学生就业人群的激增，企业对人才的需求也越来越精细，对服装专业人才提出更高方面的要求：

（1）具有专业基本理论，基本技能及相关从业素质。

（2）掌握服饰设计的基本原理和正确方法，具有较高的绘画技能、专业服装设计能力和综合能力。

（3）具有服装、服饰的审美能力。具有独立进行服装艺术设计实践基本能力，具有依据社会需求和行业状况把握消费市场快速灵活完成设计方案的能力；具有独立进行服装结构的研究和实践的能力；具有进行服装加工工艺的独立操作，进行服装工业生产的工艺流程设计与指导的能力。

（4）掌握相应的行业规范、标准和业务管理的基本知识和相应的组织管理能力。

（5）掌握计算机基础知识，能熟练操作并初步具有在本专业及相关领域中的计算机应用能力。

（6）基本掌握一门外语，能比较顺利地阅读本专业的外文资料，并具有听、说、读、写的初步能力。

（7）学习人文社会学科方面的课程，具有较高的艺术、美学修养和思想道德素质，文化素质以及心理素质。

（8）了解国内外服装设计的发展动态，并具有文献检索、资料查询的基本能力。

目前服装企业急需以下几类人才：一是服装一线工人；二是工艺流程分析师；三是制板和服装推板人才；四是服装工艺师；五是服装生产管理与检验人才；六是服装跟单人员。南通的服装企业现有人才结构单一，知识面狭窄，难以适应市场经济下企业"供、产、销"一体化发展的需求。另外，企业对于员工的综合素质特别关注，用企业老总的话说："我们并不需要特别有才气、有个性的人才，我们需要的是有一定专业基础知识与技能，具有团队协作精神、虚心好学、踏实肯干能吃苦的人。这样的人可塑性强，有发展空间，并且留得住。"

表1-2　南通市服装专业毕业生（含实习生）就业对应工作岗位分布情况

就业岗位群	比例
服装生产、企业前道、流水线	39.3%
服装生产、企业前道、流水线	22.0%
服装生产、企业技术管理	7.0%
服装生产企业样品制作	6.1%
服装生产企业产品开发	4.7%
服装生产企业跟单检控	4.5%
服装贸易公司营销	4.3%
服装生产企业班组管理	3.2%
自我创业	2.6%
其他	8.3%

专题思考拓展

1．通过查阅资料，分析一下自己所熟悉的地区或城市的服装产业特色。
2．分组讨论不同类型的服装生产企业对服装技术类人才要求有什么不同？

专题二　服装技术领域职业认知

一、服装技术类人才对应的主要岗位

（一）服装行业岗位的划分

岗位，是组织为完成某项任务而确立的，由工种、职务、职称和等级内容组成。依据服装产业特点，服装行业的岗位主要可以划分为研发类、生产类、销售类、管理类、基础服务类等，见表2-1，对应的人才类型分别是研发设计类、生产技术类、销售业务类、经营管理类、基础服务类等。这些岗位群细化的岗位主要有首席设计师、设计总监、女装/男装设计师、设计助理、制板师、质检、外贸人员、跟单员、销售主管、区域经理、导购店长、营销总监、市场总监、市场督导、市场拓展、生产厂长、车间主任、采购主管、QC等岗位。

表2-1　服装企业岗位群划分

职位族名称	族内分类	描述
管理族	经营决策	公司经营和发展的核心是，包括公司副总及以上职位
	职能管理	公司行政、人事、财务等相关部门的管理性职位
	生产管理	组织和领导公司生产的核心职位，包括生产模块部门负责人以上职位
	营销管理	组织和领导公司产品销售和渠道建设，包括营销模块部门负责人以上职位
研发族	研发设计	确定产品设计理念，承担产品设计，包括公司研发总监及设计师等相关职位
	工艺技术	负责制订和完善产品工艺及技术标准，包括产品工艺等相关职位
生产族	生产组织	为产品生产提供管理、组织、控制和资源支持的相关职位，包括生产模块的基层管理、质量控制和采购外协等职位
	生产操作	生产模块的具体操作职位，包括各类操作工
营销族	渠道管理	产品销售渠道的开发、维护和监管，包括招商、区域经理、营销代表、训导等职位
	大客户销售	负责产品团购的相关职位，如商务代表
	店面销售	负责产品终端零售的相关职位，包括店长、导购等职位
	营销支持	不直接产生销售业绩，为销售工作提供支持，包括终端设计、配送、库管等职位
支持保障族		非核心的，从事简单工作的职位，如保安、电工、司机等

（二）服装技术类人才对应的主要岗位

如图2-1所示，制板师、工艺师、样衣工、质检、外贸人员、跟单员等就是属于服装行业里的技术类人才。技术类人才在服装企业的核心价值链中占据重要地位，技术人员技术水平和技能的提升对于服装企业产品质量和市场价值提升有着重要的意义。

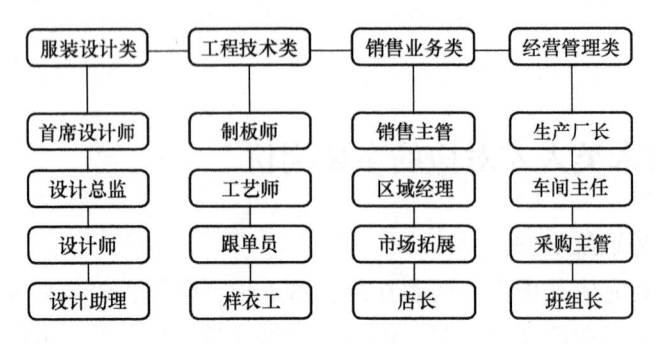

```
服装设计类        工程技术类        销售业务类        经营管理类
   │                │                │                │
首席设计师         制板师           销售主管          生产厂长
   │                │                │                │
设计总监          工艺师           区域经理          车间主任
   │                │                │                │
设计师            跟单员           市场拓展          采购主管
   │                │                │                │
设计助理          样衣工            店长             班组长
```

图2-1　服装企业主要岗位划分

二、服装企业的组织架构与部门设定

每一企业都有符合其自身特点的组织形式，服装生产企业同样如此，它根据企业规模、生产模式等进行管理，形成不同的组织结构。服装生产企业有不同的种类，企业的规模大小有别，相应在组织结构上也各有不同。一般可以分为三种，即小型企业组织结构、中型企业组织结构、大型企业组织结构，见表2-2。

表2-2　服装企业组织形式

企业规模	特点	生产方式	组织架构
小型服装企业	60人以下，一般多在近郊农村	大多数是为大、中型服装企业或贸易公司做来料、来样加工，也有为自产自销的。以仿造生产为主，产品一般在附近的小商品市场批发和零售	一般只有两个管理层次，厂长通过三个生产组长（裁剪组长、缝纫组长、包装组长）实现对全部工人的管理
中型服装企业	人数在200人以上、千人以下的服装企业	实行流水生产，一般以接订单、生产出口产品为主，部分企业内、外销兼顾	一般有5个管理层次，依次是：董事长、总经理和副总经理，各职能部门经理和生产厂长，生产车间主任，生产车间班长和组长，工人
大型服装企业	人数在千人以上	实行流水生产，一般以接订单、生产出口产品为主，部分企业内、外销兼顾	在中型服装企业组织架构的基础上增设"五师"，即总工程师、总经济师、总会计师、总设计师和总工艺师

32　专业认知与职业规划（服装技术类）

在服装企业的组织结构图上，根据各个企业的规模和需要可以设立必要的职能部门，每一个部门具有各不相同的职能范围。

现以中型服装生产企业为例，讲解相关部门岗位的设定。由于不同企业自身特点原因，不同企业在部门名称、部门数量、各部门岗位的设定上会有所不同，但相同或相似生产模式的服装企业通常会设有如下几个部门，即产品开发部、业务部、技术部、采购部、仓库管理、生产部、品质管理部等，如图2-2、图2-3所示。

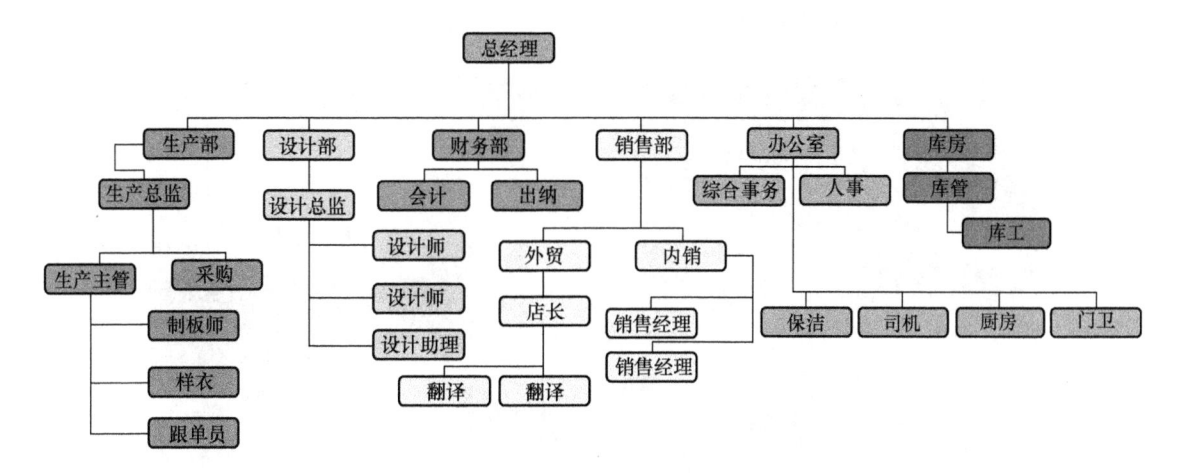

图2-2 中型服装企业组织结构（1）

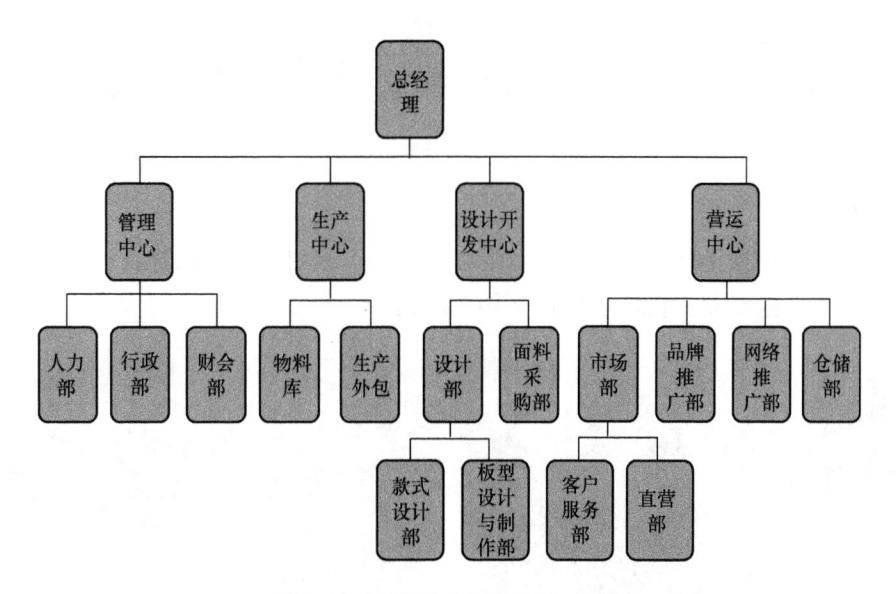

图2-3 中型服装企业组织结构（2）

（一）产品开发部

现代服装日新月异、千变万化，只有"变"服装企业才能适应瞬息万变的市场环境。产品开发部在其中扮演重要的角色，是服装生产流程的初始环节，根据季节、地域、流行趋势、人们的生活水平等开发出新款、新色彩、新材质的服装以满足消费者的需求。

（二）业务部

业务部也称销售部，在服装生产企业中具有极为重要的作用。目前，我国服装生产企业均实行以销定产的模式，业务部工作的好坏直接影响整个企业的经营，特别对于出口贸易公司，接订单方面的工作相当重要。

（三）技术部

服装是艺术与技术结合的产物，产品一旦开发成功，技术是保证品质的根本条件。技术部在服装生产企业中担负着重要的责任（图2-4）。

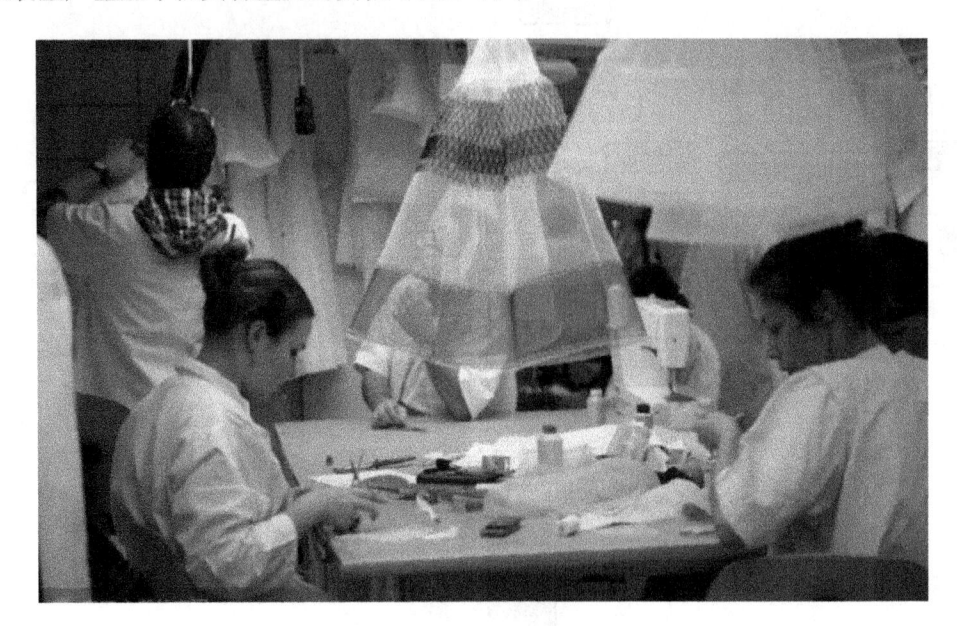

图2-4 技术部

（四）生产部

生产部的职能根据不同的企业，其范围有所不同。因对生产现场进行管理的最高负责人一般是厂长，其责任重大，职能范围也较为广泛（图2-5）。

图2-5 生产部

（五）品质部

现今的服装生产企业已从以往的廉价、数量型向品质、品牌型转变，服装生产管理也转向以质量为中心，故品质管理部门在成衣生产中格外重要（图2-6）。

图2-6　品质部

三、服装生产运行链

服装生产有其特有的流程，该流程即为生产运行链。整个运行链一般由六个子链组成，依次为产品开发、承接订单、投产准备、裁剪工程、缝制工程、服装后整理。

（一）产品开发运行链

产品开发运行链是指新产品开发的流程和环节，产品开发部需遵循此工作流程进行运作，如图2-7~图2-10所示。

图2-7　构思设计

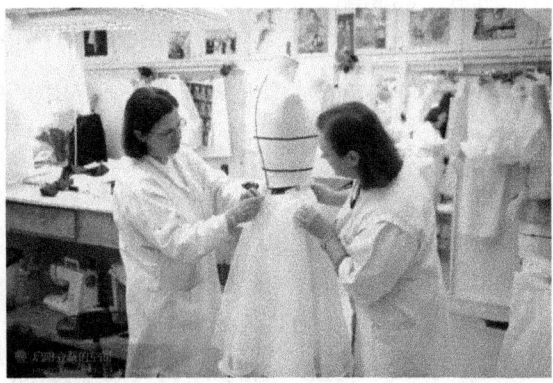

图2-8 制作样衣

图2-9 新产品宣传

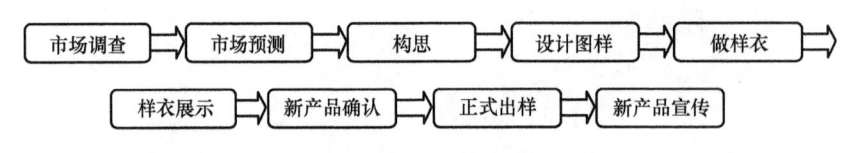

市场调查 → 市场预测 → 构思 → 设计图样 → 做样衣

样衣展示 → 新产品确认 → 正式出样 → 新产品宣传

图2-10 产品开发运行链

（二）承接订单运行链

新产品开发完成后，业务部将样衣向客户进行推荐，并承接订单，如图2-11、图2-12所示。

36　专业认知与职业规划（服装技术类）

图2-11　样衣推荐

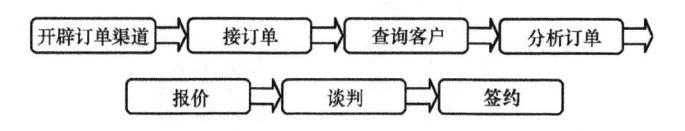

图2-12　承接订单运行链

(三)投产准备运行链

承接订单后,在投产前需要进行大量的准备工作,涉及技术、采购、仓管、业务等诸多部门,各部门需通力合作,才能科学、合理地安排组织好生产,使生产得以顺利进行(图2-13~图2-15)。

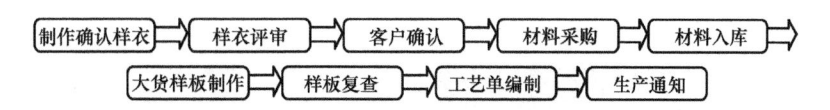

图2-13　投产准备运行链

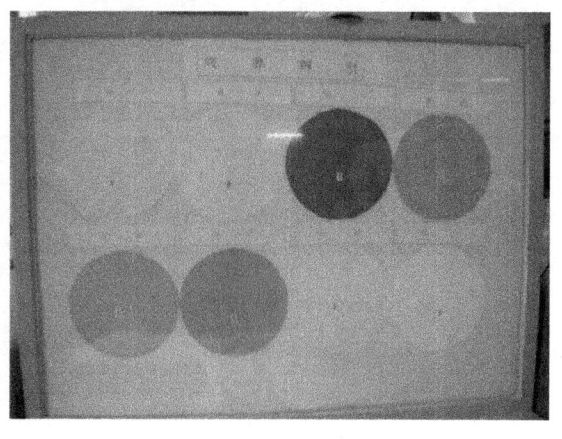

图2-14　验布机　　　　　　　　　　　图2-15　疵布图

（四）裁剪工程运行链

裁剪工程是服装投产后的第一道工序，主要任务是将各种面、辅料裁剪成所需要的裁片，以供缝制工程使用，是服装生产中的重要环节，必须予以高度重视。如图2-16~图2-22所示。

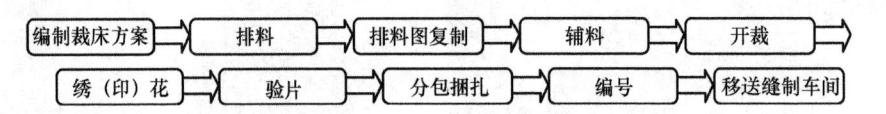

编制裁床方案 → 排料 → 排料图复制 → 辅料 → 开裁
绣（印）花 → 验片 → 分包捆扎 → 编号 → 移送缝制车间

图2-16 裁剪工程运行链

图2-17 铺料

图2-18 裁剪

图2-19 裁片检查

图2-20 烫衬

图2-21 电脑绣花

图2-22 钉珠

（五）缝制工程运行链

缝制工程是将裁剪好的裁片组合成整件成衣，缝制作业按流水线进行，生产流水线的合理组织与安排是提高生产效率的重要保证，如图2-23~图2-25所示。

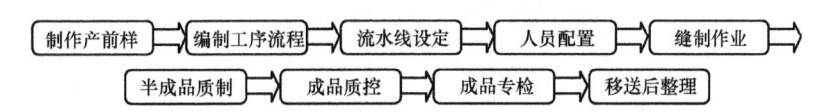

制作产前样 → 编制工序流程 → 流水线设定 → 人员配置 → 缝制作业

半成品质制 → 成品质控 → 成品专检 → 移送后整理

图2-23 缝制工程运行链

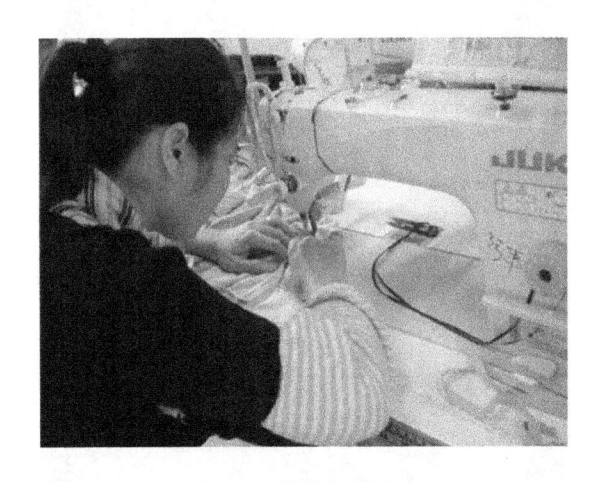

图2-24 缝制（平缝机）

图2-25 缝制（特种机）

（六）服装后整理运行链

服装后整理作业是服装生产的最后加工阶段，经过后整理的成衣，其外观造型、手感等都得以提高，后整理在现代成衣生产中是非常重要的一个环节，如图2-26~图2-34所示。

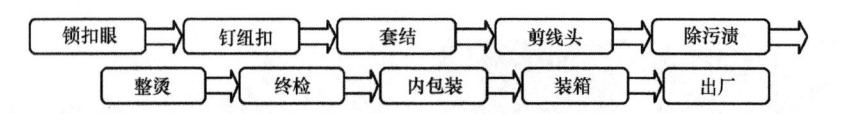

锁扣眼 → 钉纽扣 → 套结 → 剪线头 → 除污渍 →
整烫 → 终检 → 内包装 → 装箱 → 出厂

图2-26 服装后整理运行链

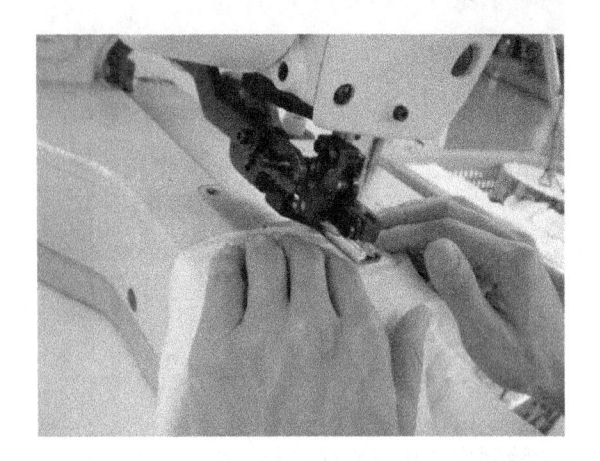

图2-27 锁眼

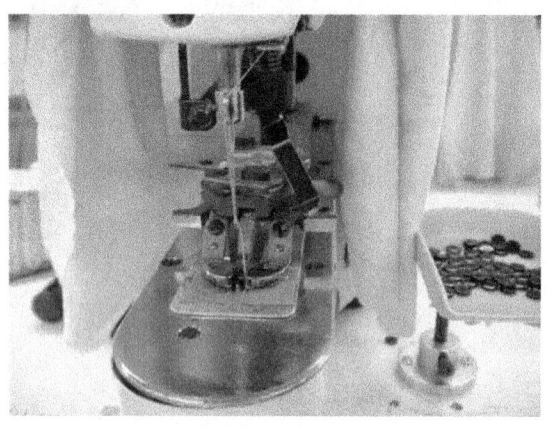

图2-28 钉扣

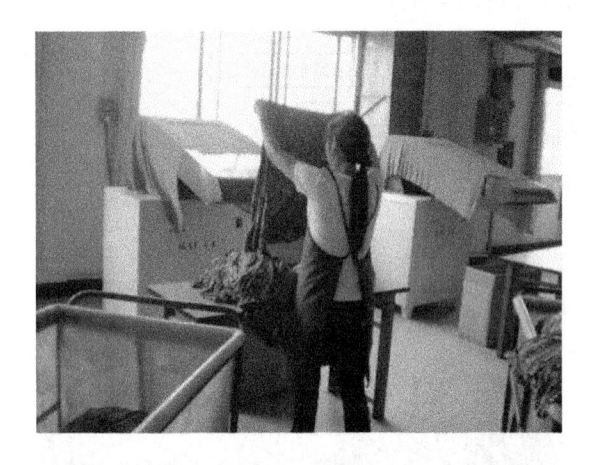

图2-29 整理

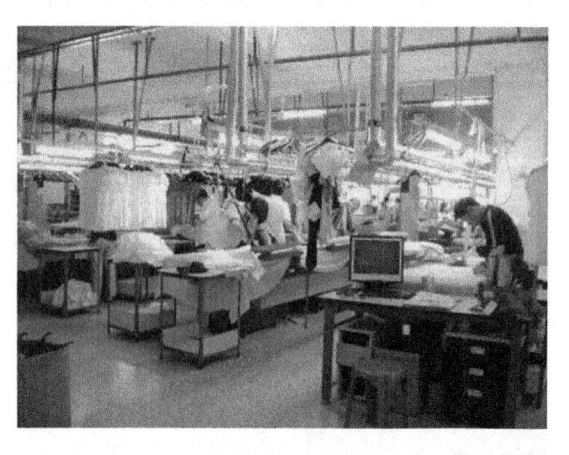

图2-30 整烫

图2-31 钉标

图2-32 过程检验

图2-33 终检　　　　　　　　　　　　图2-34 包装

服装生产全过程运行链的六个子链可以单独存在。例如，服装设计工作室（即服装设计开发公司），就可以只采用"产品开发运行链"；服装出口贸易公司可采用"投产准备运行链"；外发服装加工厂则可采用"缝制工程运行链"。一般中型出口服装生产企业的生产流程都包括这六个子链。

【案例】VANCL品牌服装生产流程

VANCL凡客诚品，互联网快时尚品牌。由卓越网创始人陈年创办于2007年，产品涵盖男装、女装、童装、鞋、家居、配饰、化妆品七大类（图2-35）。

图2-35 VANCL公司样衣间

下面就以凡客诚品衬衫为例，从"裁剪、缝制、后整、包装"四个角度，讲述上海某工厂VANCL服装的生产工艺流程。

服装生产，不同品类亦有不同的制作工艺和流程。一般来说，VANCL服装生产的第一步是根据设计师设计的款式、板师做好的纸样，在裁剪车间按照唛架将面料裁剪成裁片（图2-36）。

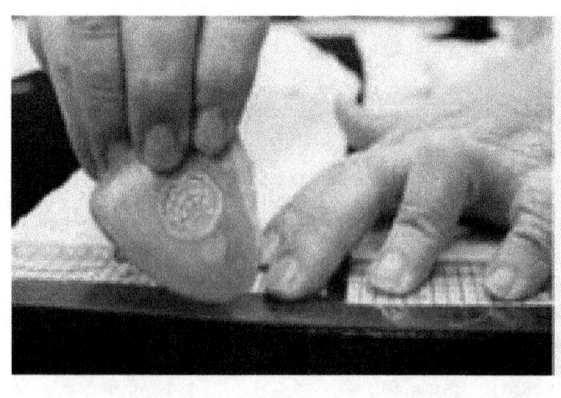

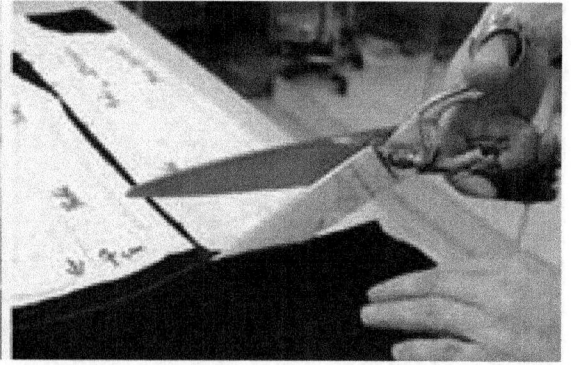

图2-36 画样裁剪

当服装设计样品被VANCL产品负责人确认后,下一步就是按照负责人要求绘制不同尺码的纸样,将标准纸样进行放大或缩小的绘图,行内术语叫"推档"。目前,大型的服装厂大多采用电脑来完成纸样的放码工作,在不同尺码纸样的基础上,还要制作生产用纸样,并画出排料图。

生产前的准备工作包括对生产所需的面料、辅料、缝纫线等材料进行必要的检验与测试,材料的预缩和整理,样品、样衣的缝制加工等。

裁剪是服装生产的第一道工序,主要流程是把面料、里料及其他材料按排料、划样要求剪切成衣片,以及排料、铺料、算料、坯布疵点的借裁、套裁、裁剪、验片、编号、捆扎等(图2-37)。

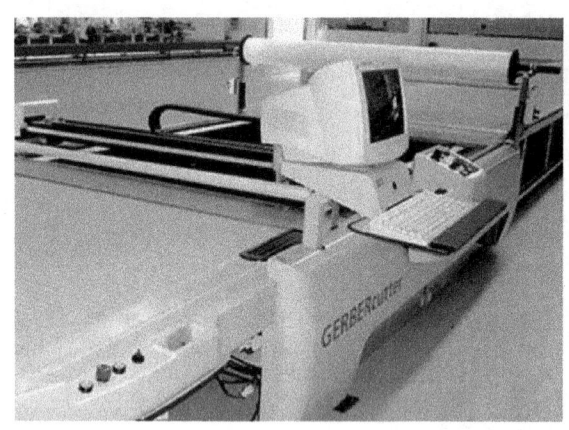

图2-37 裁剪

缝制是整个服装加工过程中技术性较强,也较为重要的成衣加工工序。它是按不同的款式要求,通过合理的缝合,把各衣片组合成服装的一个工艺处理过程。所以,如何合理地组织缝制工序,选择缝迹、缝型、机器设备和工具等都十分重要。VANCL在挑选工厂前,都会进行全方面的考察(图2-38)。

图2-38 流水线生产

　　裁片分配到缝制车间进行车缝流水线生产，图2-37为缝制车间全景。

　　裁片缝合完成后，接着流到后道工序车间进行钉扣、打结、整烫等处理。整烫的作用是用喷雾整烫使服装得到预缩，使衣服外形美观，改变材料的伸缩度，进行塑型。熨烫时在衣内套入衬板使产品保持一定的形状和规格，衬板的尺寸比成衣所要求的略大些，以防回缩后规格过小（图2-39）。

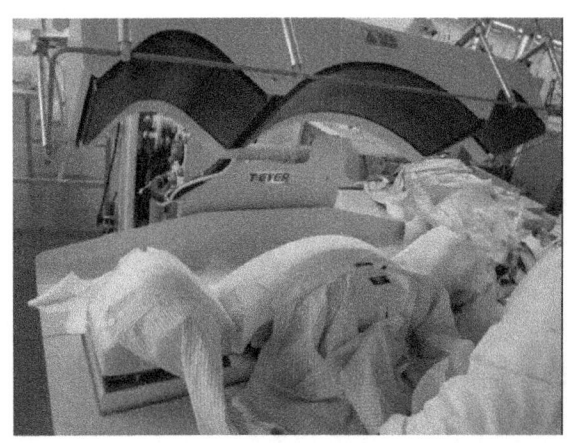

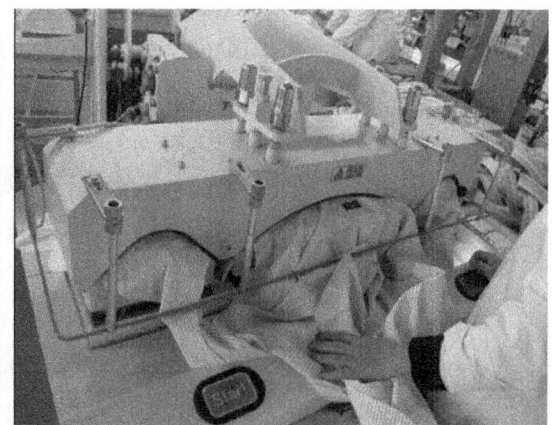

图2-39 衬衫熨烫现场

　　最后的成衣就到包装车间进行剪线头、检验、包装，这是整个服装生产过程中的最后一道工序。操作工按包装工艺要求将每一件制成并整烫好的服装整理、折叠好，放在胶袋里，然后按照装箱单上的数量分配装箱（图2-40）。

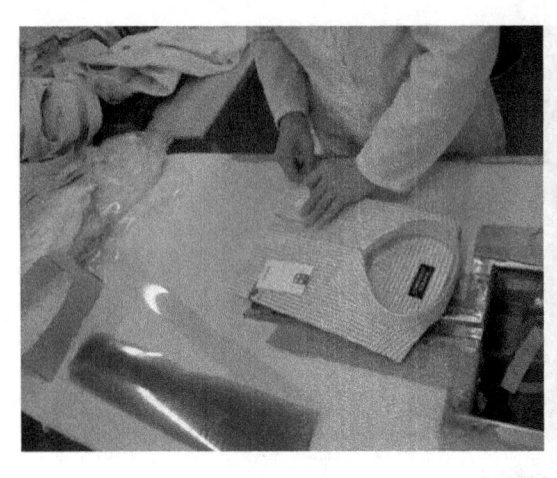

图2-40 包装衣服

此外，服装品质控制是使服装质量在整个加工过程中得到保证的一项十分必要的措施，杜绝服装在加工过程中产生和可能产生的质量问题，VANCL为此设有专门的品控部门。

四、服装技术类专业面向的主要岗位职责分析

（一）产品开发部经理岗位职责
- 负责公司各品牌的定位、形象、风格的制订。
- 各季产品的开发并组织实施。
- 对公司各品牌产品的畅销负重要责任。
- 每年在第一季前应制订第二年的产品风格及结构，三月份交营销总监审核，营销部、产品部、开发部三方共识进行投入设计及试制。
- 每季新产品样板必须提前半年试制完成交营销部审核。
- 负责对部门内人员进行培训、考核。
- 负责开发部日常工作的调度、安排，协调本部门各技术岗位的工作配合。
- 负责纸样、衣样、制单工艺技术资料的审核确认、放行。
- 负责组织力量解决纸样、车办工艺技术上的难题。
- 负责与营销沟通，提高所开发的产品的市场竞争能力。
- 负责与生产部门沟通，保证所开发的产品生产工艺科学合理，便于生产质量控制，有利于降低生产费用。
- 负责组织本部门员工对专业技术知识和新工艺技术的学习，不断提高整体技术水平。
- 负责制订本部门各岗位的工作职责、工作定额、工作规章制度，并负责检查、考核。

（二）首席设计师岗位职责
- 负责制订设计作业计划并组织实施。
- 负责设计人员的培训、考核。

- 负责设计部门的日常工作调配、安排、协调本部门各人员以及同板房的工作配合。
- 负责组织解决设计存在的薄弱环节。
- 负责把握公司品牌服装的风格与定位，并着重提前开发每季度的服装款式。
- 负责组织本部门人员对市场的调查及提前掌握每年的流行趋势，以确定本品牌服装的设计方向。
- 负责跟踪所开发的产品与市场流行趋势相吻合。
- 负责对设计师所设计的图纸进行审核、确定、放行。

（三）设计师岗位职责
- 了解市场流行趋势，根据公司品牌的风格与定位，及消费者的需要进行设计。
- 按计划负责设计完成款式效果图。
- 负责对自己设计款式的要求做好打样前所需的资料等工作。
- 对初板的审定跟踪以及确定款式、打板。
- 配合纸样师对款式的尺寸及工艺要求的确定。

（四）助理设计师岗位职责
- 根据设计师的要求，负责描图、配色、调色等辅助设计工作。
- 收集主、辅料市场信息，受设计师指派采购合适的主、辅料。
- 设计图纸、资料收集、整理、归档、保管。
- 负责"OK样板"的登记归档和保管。
- 领导交办的其他工作。

（五）纸样师岗位职责
- 按设计师的要求做出新板，经审核批板后，则规范画出实样（含修剪样）。
- 负责每个新板的正确尺寸及效果的确定。
- 负责做到对不同质地、不同肌理的面料，对纸样做出不同的细节处理。
- 负责对裁板、车板过程中所发现的异常问题的沟通和解决。
- 按要求填好各新板的表格、制单等，并存档留底。
- 在工作过程中，必须直接与设计师配合，沟通解决所出现的问题。

（六）工艺师岗位职责
- 工艺制单设计要求对各个部位详细列明要求透彻到位。
- 样板、工艺单、纸样要经副经理审批，经理批准方可下到裁床和车间。
- 针对新款核查唛架，准确用料，其中会经纬纱线路、唛架空间、核查裁片（辅助副经理工作）。
- 负责各款制单，纸样存档留底，不可以散乱丢失，以备查询。
- 负责制订生产工艺流程、作业指导书；制订材料消耗工艺定额、标准工时定额。
- 开货前负责详细讲解各部位工艺要求，包括其可能出现的问题，并将其贴在样板上。
- 抽查车间成品，尾部成品尺码是否准确，杜绝错码现象。

（七）裁板工岗位职责

- 负责新板面料（含新款各色面料）必须先试出各缩水率，放出硬样，确保大货尺码准确。
- 在工艺单上注明缩水率。
- 核实样衣，纸样的块数是否一样。
- 根据纸样要求正确裁片好每一件样板。
- 核实样衣用料，做好各项要求的记录工作。
- 协助车办的配片工作及布匹的退仓处理工作。

（八）跟单员岗位职责

- 服从分配，听从指挥，并严格遵守公司的各项规章制度和有关规定。
- 负责公司产品出售前的质量检查工作。
- 负责对公司产品合格数的统计工作。
- 负责产品率的分析工作。
- 协助做好产品质量保证体系的标准。
- 协助做好公司ISO 9000质量管理标准。
- 对所承担的工作全面负责。

（九）营销总监岗位职责

- 参与制订公司营销战略。
- 根据营销战略制订公司营销组合策略和营销计划，经批准后组织实施。
- 负责重大公关、促销活动的总体、现场指挥。
- 定期对市场营销环境、目标、计划、业务活动进行核查分析，及时调整营销策略和计划。
- 制订预防和纠正措施，确保完成营销目标和营销计划。
- 根据市场及同业情况制订公司新产品市场价格，经批准后执行。
- 负责重大营销合同的谈判与签订。
- 主持制订、修订营销系统主管的工作程序和规章制度，经批准后施行。
- 制订营销系统年度专业培训计划并协助培训部实施。

（十）生产总管岗位职责

- 协助厂长开展车组生产方面的各项管理工作。
- 做好开货前的物料、工艺等各项生产的研究与准备工作，合理安排货期，跟踪生产进度，确保按期出货。
- 负责各车组上货安排，编制旬生产调度排期表，按排期表检查调度各组生产。
- 及时处理生产中的问题，保持全厂生产进度的一致性。
- 协调车间人员、设备的调剂使用，解决生产工艺中的技术难点，正确指导车间生产。
- 确定产品生产工序，编制生产工价，在规定的时间内报厂长审批并下达到车组。

- 审查车组用工计划，主持考试、录用生产员工。
- 组织生产例会、产前分析会、质量分析会，加强工艺技术管理，检查并纠正违反工艺的加工行为。
- 检查处理不安全、不文明的生产行为。
- 按生产工艺及样板要求，检查各工序加工质量，分析质量参数，制订加工质量责任。
- 及时组织处理可返工的成品质量问题。
- 协助厂长考核生产岗位的责任制检查；处理外协加工产品的质量和进度。
- 及时完成上级交办的其他工作任务。

五、服装企业岗位考核标准（服装技术类专业面向的主要岗位）

一般每个服装企业都会有适合自身的岗位考核方法，因此，每个服装企业的岗位考核标准都不尽相同。下面以南通某服装企业的部分岗位为例，了解服装企业岗位绩效考核方法（表2-3~表2-5）。

（一）设计师

表2-3　某公司设计师绩效考核评分标准

考核项目	评分及计分标准	评分比例
综合任务完成率	$\dfrac{完成款式图}{计划款式图} \times 30$	30分
单款任务完成（工作效率）	每款设计任务没按进度计划按时完成扣2分	15分
设计质量1（一次交款合格率）	要求交板房制初板的图样资料齐全、准确，从修改第二次开始计算，每修改一次扣2分（以扣分最多的一款为准）	10分
设计质量2（与销售挂钩）	作品回款额标准回款额×30 $标准回款额 = \dfrac{计划回款额}{设计师人数} \times 调整系数$ 调整系数在每月上旬由开发部经理根据由于设计师流动等客观原因，造成当前销售款式与设计师作品上市的时间差异合理确定，若新设计师当月无作品上市，则该项计分分配到综合任务完成率	30分
岗位协调	凡属应由设计师与其他部门沟通而未能沟通的，每出现一次扣2分	10分
组织纪律	模范遵守各项规章制度，每有一次违反扣1分	5分

（二）工艺师

表2-4　某公司工艺师绩效考核评分标准

考核项目	评价及计分标准	评分比例
工艺制单	要求及时、准确，每有一单完成不及时扣5分；制单不详细到位每发现一项扣1分；制单错误，每有一单扣10分；造成生产浪费损失扣40分	40分
工艺文件	生产工艺流程、作业指导书、材料消耗定额、标准工时定额等工艺文件制订齐全、科学合理。走访或问卷评审、酌情扣分	30分
产前指导和产中抽查	按职务说明书要求，每有一款工作不到位扣2~5分	20分
劳动纪律	遵守各规章制度，每有一次违反扣2分	10分

（三）纸样师

表2-5　某公司纸样师绩效考核评分标准

考核项目	评价及计分标准	评分比例
月任务完成	$\dfrac{完成板数}{计划板数} \times 40$	40分
每天任务完成	要求按板房主管调度命令完成当日工作，不能按时完成，每有一次扣4分	20分
工作质量	1. 按放行的图纸资料制的纸样、裁片、衣样，每出错返工一次扣2分； 2. 已放行生产板，由其他部门发现差错，未造成经济损失扣5分；造成经济损失酌情扣15~30分	30分
工作态度、劳动纪律		10分

六、纸样师工作任务

从事服装制板工作的人统称为服装制板师，通常也叫作打板师。服装制板工作在时装的制作过程中举足轻重，服装制板师的责任是将服装设计师的理念转化为可现实操作的服装样式。设计师的工作是对美的一种创造，打板师的工作则是灵活应用制板技术，对美进行再创造的过程。很多抄国际大牌的款式的服装，却怎么也没有大牌的风范和神韵，原因何在，问题就出在板型上，在抄的时候没有太注意板型，或许注意了但却不明白人家是怎样通过板型的处理体现设计理念的，板型差一点不到位，就不能做到神似。打板师的工作看似刻板单调，其实，其中存在着很大的变通。打板师们的水平就在小数点后几位数字的变化中悄悄体现着。这就是为什么同一个款式不同的打板师打出的样板是不同的。

（一）纸样师常见工作流程

1. 掌握国家标准和企业标准，确定合理的裁剪尺寸

要想制作出理想的样板，最基本的一步是确定样板的尺寸，样板尺寸的确定不是有样板师随心所欲，也并非要符合某个人的体型，而是要根据国家公布的服装号型标准结合本企业的标准，以销售区域的人体特征为依据而确定的适合于一定身高和围度的群体层的尺寸。服装的号与型都必须有较细的分档和较全的规格，如号为165cm的女性，其型可能有80cm、84cm、88cm、92cm等不同尺寸，分档细，规格全，就能使所有165cm号的女性，不论胖瘦，均可找到与自己相适应的衣服，为此打板师必须熟练掌握国家公布的服装号型标准以及企业内部的标准，根据所销售地区，消费群的人体特征，确定出合理的裁剪尺寸，这是极其重要的。

常见服装企业产品男子成衣规格尺寸的设计形式见表2-6。

表2-6　某服装企业服装产品成衣规格尺寸表

品名：棉夹克　　　　　　　款号：FL10382029　　　　　　　　　　　　单位：cm

规格\部位	165/84A	170/88A	175/92A	180/96A	185/100A	190/104A
	46	48	50	52	54	56
后衣长	66	68	70	72	74	76
胸围	108	112	116	120	124	128
腰围	102	106	110	114	118	122
摆围	102	106	110	114	118	122
肩宽	46.6	47.8	49	50.2	51.4	52.6
袖长	61	62.5	64	65.5	67	68.5
袖口	13	13.5	13.5	14.5	15	15.5

2．理解款式设计图或标样

尺寸确定后，便要根据款式设计图确定细部的分割和组合。设计图的形式很多，如设计师绘制的效果图、杂志上刊登的服装照片、来样加工客户选送的标样等，打板师要分析研究这些图和标样，对细节做详细的技术处理，使制出的样板经缝制成衣后，与原设计图或标样保持一致（图2-41）。

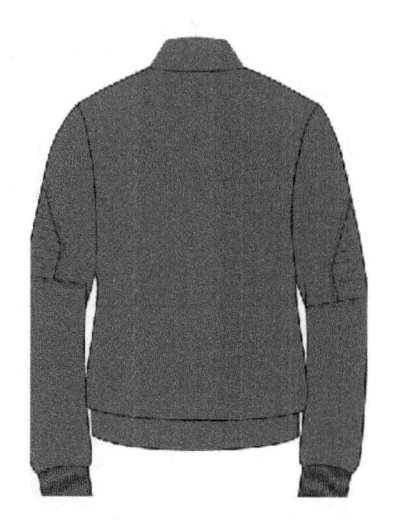

图2-41　服装款式设计图

3. 制作基础样板

（1）处理样板用纸。短期保存或小批量生产的样板多用牛皮纸制成，长期保存或大批量生产的样板多用厚卡纸制作。无论使用哪一种纸，在制作前都应对其进行防缩处理。常用的方法是把所用的纸湿水，再晒干或熨干。经防缩处理的纸制成的样板不会因气候潮湿或干热而变形，有良好的尺寸稳定性。

立体裁剪制板时，首先应对样板坯布进行处理。通常是将坯布湿水整烫，使布丝达到经纬垂直，使收缩度减至最小。

（2）制作净样板、放制毛样板。根据确定好的尺寸，用平面或立体制图的方法制作净样板。制作净样板时应加入面料的缩水率。例如，某裤子号型为100cm，面料缩水率为2%，则裤长应制成102cm。面料的横向缩水率极小，一般不予考虑，但若有要求或有必要时，则应加入横向缩量。立体裁剪制图时应选用标准人台，或按要求修正好普通人台，在充分领悟设计图和设计师意图后，采用剪、省、褶、裥等手法，将整体造型分解成基本部件，取得较为精确的净样（图2-42）。

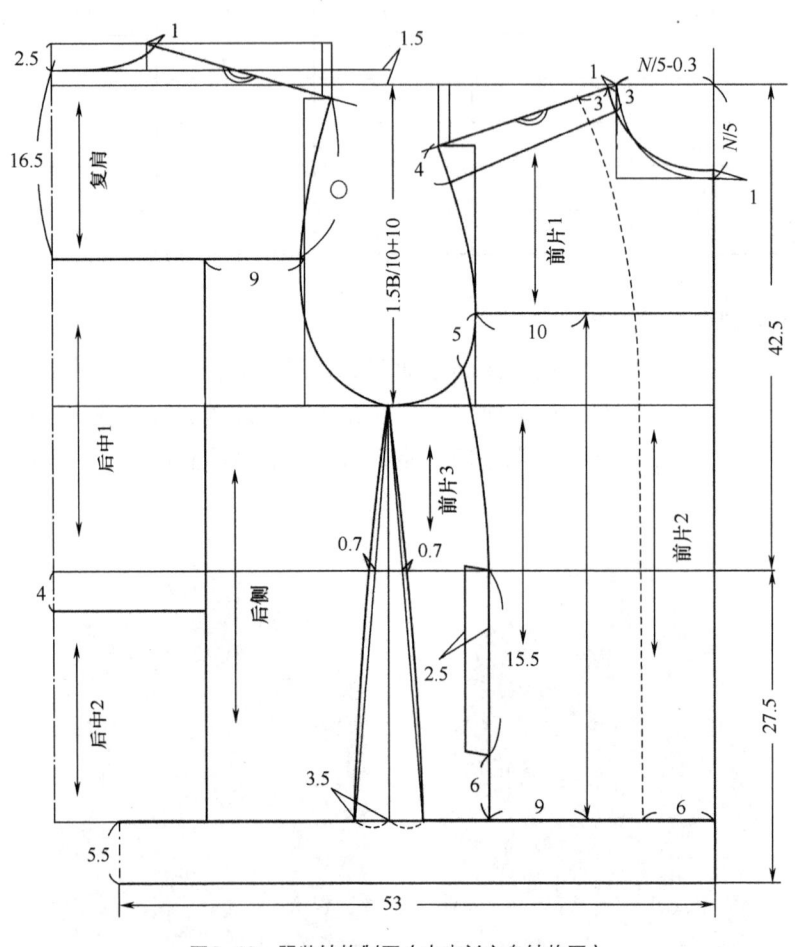

图2-42 服装结构制图（夹克衫衣身结构图）

净样板制好后需加放缝份，平面与立体制板加放缝份的方法相同，只是立体制板得出的纸样需经过线条修正再放缝份。一般来说，薄型面料的缝份为1cm，领口、袖窿和门襟处为0.8cm；厚型面料如毛呢、牛仔布、灯芯绒等缝份为1.2cm，领口、袖窿和门襟处为1cm。加放了缝份的样板俗称毛样板（图2-43）。

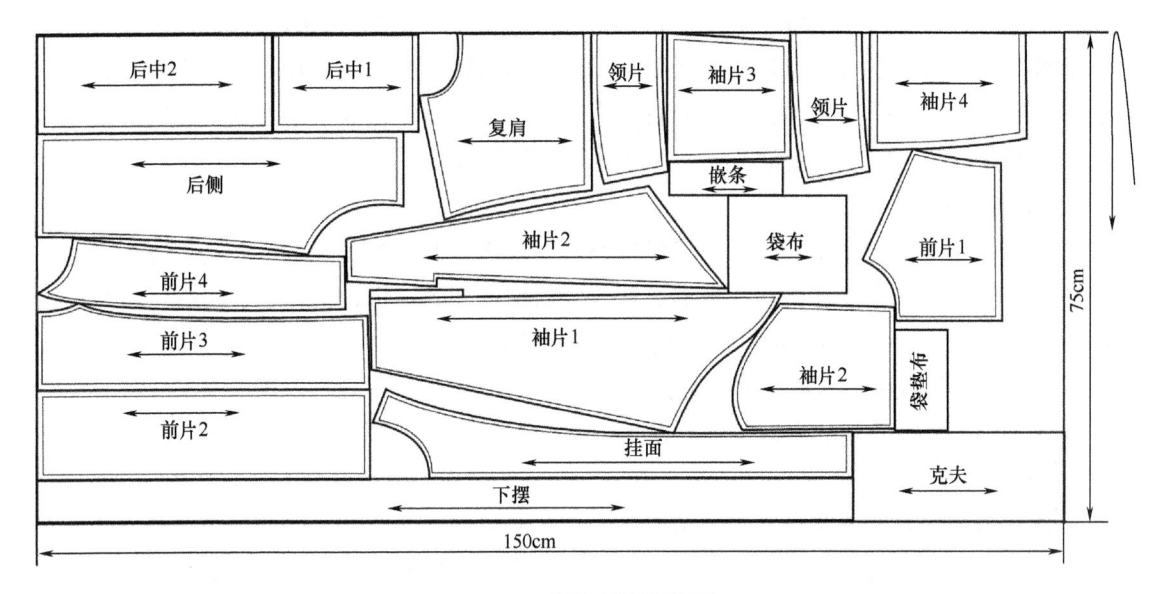

图2-43 服装毛样板排料图

（3）制订缝纫所需的印迹。毛样板制出后，须进一步做出各种缝纫记号，如侧缝拼接处对位点、袖窿与袖山对位点、腰节线对位点、省、褶位点、袋位点、折边点等。印迹在缝份边缘时，打剪口为标记；印迹在纸板内时，用锥子扎锥眼为标记。与此同时，要标出直丝缕方向或图案方向。

（4）制板里料、辅料样板和工艺样板。面料毛样板制出后，据此可制成里料和辅料样板。里料样板尺寸比面料样板尺寸大0.5cm左右，以防止制作成成衣后里料牵制面料而产生波浪状皱褶。辅料样板要根据不同的款式要求来制作。

工艺样板的主要作用是在缝制过程中对衣片或半成品进行修正、定型、定位、定量作用，它包括修正样板；定型样板是净样，用以检查衣服在缝制过程中衣片是否走样变形；定位样板上特别制出了定位眼、定位剪口，如袋位眼、省位眼等，以确保每件衣服缝制出来相对应位置相同。

（5）审核基础样板。审核基础样板的主要内容有：尺寸是否正确，定位标记是否齐全，直丝缕标记是否遗漏，纸板是否完整等。为了使下一步推档工作得以顺利进行，审核基础样板必须仔细认真、尽量避免疏漏。

4. 推档

推档也称推板、缩放样、推放等。推档时确定公共坐标线是十分重要的，公共坐标线必须是直线或曲率很小的曲线，坐标线的选定要有利于各档大曲率轮廓线能拉开适当的距离，凡是将同一部位的各档轮廓线全部或局部重合的做法都是不严格的。

5. 最终审板、验板

终审样板时，要特别注意尺寸的变化。例如，裤长100cm，面料缩水率为2%，审板时应按下列长度检查：裤长100cm+缩率2%+腰头缝份1cm+脚口折边3cm，则样板实长为106cm。以此类推，所有部件的尺寸都应加入缝份和放量，不符合标准的必须重新制作。

此外，需反复审核查样板片的数量。一套成形的样板，少则几十片，多则上百片，其形状各异，大小不一，十分容易丢失，倘若一个用边角料裁制的小嵌条遗失补裁，则会浪费一块整料。因此复核工作十分重要，应一一核对，逐个查找。

6. 归类、封样

样板复核完毕，按号型编排、打印样板编号、规格号型和穿挂洞眼，在缝份边缘打印封样标记，以防样板在未经许可的情况下被修改。长期保存的样板，其边缘可用胶带贴封。挂洞眼不能太靠边缘，以防挂吊时间久而使样板变形或损坏。

（二）服装纸样师应具备的知识能力

总体来讲，作为纸样师应具备三个方面的知识：人体知识、材料知识和服装工艺知识。

1. 人体知识

人体骨骼结构和人体肌肉组织的结构、人体各部位体表形态及人体静态时一般特征、人体运动规律及动态时的一般特征、人体生长发育的比例变化规律、人体身体变化的前后平衡规律、人体外形的男女性别差异和人体外形变异的特殊体型、号型规格的分类及号型规格适应于哪类人群的覆盖率、人体的比例。

2. 服装材料的知识

（1）面辅材料的质地性能差别。服装制板时要掌握面辅料的性能，以便在制板时做出相应的适当调节，如按其自然回缩率、升温缩率、缩水率等具体性能和数值，在制板时进行调节，以确保成品规格的要求，另外要根据面料的纱支、密度、垂感、织纹组织和厚度、软硬度等在制板中区别对待。

（2）服装面料的表面差别。面料正反面及不同的织纹特征，对制板有很大的影响，如面料的倒顺光、倒顺条格以及色织或印花织物中的花纹图案的植物图案、鸳鸯条格等。

（3）面料的经纱和纬纱的概念。面料的主要构成方式是由经纱和纬纱织成的。布匹的长度顺布边的是经纱，通常称之为直纱；布幅的宽度为纬纱，通称之为横纱。由于它们在纺织过程的工艺不同，形成了各具特色的性能，在服装上的应用也各不相同。

经纱具有结实不易伸长变形的特点，适宜按人体垂直的方向，主要表现在服装的长度方面。纬纱的纱质柔软，捻度较小具有能够略微伸长或缩小的特点，适宜于人体横向的使用，主要表现为服装的围度及各局部的宽度。斜纱就是经纱和纬纱的交点斜向使用，伸缩性较大，富有弹性，有良好的可塑性，易于弯曲变化，在服装上许多边条等部位经常使用，有饱满、曲弯、圆顺、自然的优异效果。另外，在连衣裙、大衣等大幅和斜裁的服装中也取其垂绺顺畅、浪势圆脬、张弛自如的效果。对于斜纱的使用要注意两点，其一，取面料经纬纱的45°斜角为正斜纱效果性能最佳，大于或小于45°角则有不同程度的影响；其二，要考虑斜纱的方向有横斜和竖直斜之分，也有称之为断丝和顺丝。

3. 服装工艺知识

纸样师还必须要了解服装的制作方法，制板与缝制工艺之间是必须要密切配合的，主要有以下几点：

（1）缝份结构，如上装的背缝、侧缝、袖缝、上领缝等。下装的裆缝、腰缝、侧缝等，另外还有做缝的表现方法，有劈缝、倒缝。倒缝又可分为锁边倒缝、包边倒缝、明压线倒缝、筒子缝、暗包明缉、明包暗缉等，这些都要在制板时留放缝头，作出不同情况区别。

（2）缝边构造，服装各部位或部件的边缘都要有一个连折或另外单缉的形式区别，如下摆、袖口、裤脚口、止口、袖窿、领口等，这些结构处理在制板时都应该反映出来。

（3）内部构造的区别，包括衣服的面和衬及其他辅料的结构关系。例如，上衣是挂全里或半里，还是不挂里子，其用衬及制作工艺都要改变，在制板时就要进行不同形式的改变。

（4）整形工艺，从目的上是针对某些部位使其缩短或伸长以达到面上的凸起或凹陷，从手段上包括手工的抻拽或缩拢，加上牵条的固定和手针的拱线收缩等，还有专业设备的整形、拔裆、烫胸等，这些工艺手段的处理在制板时都要进行适当的处理和调整。

七、跟单员工作任务（生产跟单）

跟单员是在企业业务流程运作过程中，以客户定单为依据，跟踪产品（服务）运作流向并督促定单落实的专业人员，所有围绕着订单去工作，对出货交期负责的人，都是跟单员。跟单员是各企业开展各项业务，特别是外贸业务的基础性人才之一。企业之生存与发展都是以订单为主线的。跟单工作是一个企业的主生命线和管理制高点。而作为订单的跟进者——跟单员的工作跨越了企业运作的每个环节，它是企业内各部门之间及企业与客户之间相互联系的中心枢纽和桥梁，是一个企业的窗口和门户。

跟单员广泛存在于订单型生产企业和进出口外贸企业中，跟单员的工作性质与特点随企业的规模与性质而有所区别，但跟单员总的来说是作为业务跟单与生产跟单而存在的。

（1）业务跟单：对客户进行跟进。尤其是已对本公司的产品已有了兴趣，有购买意向的人进行跟进，以缔结业务，签定合同为目标的一系列活动，对外叫业务员或业务助理。

（2）生产跟单：对已接来的订单进行生产安排。对生产进度进行跟踪，按期将货物送到客户手中。对内叫业务经理、生产主管或总经理助理。不管是外贸公司的跟单员，还是工厂企业里的跟单员，他们基本职责都是由"业务跟单"和"生产跟单"两部分构成。

（一）跟单员常见工作事项

（1）面/辅料到厂后，督促工厂最短时间内根据发货单详细盘点，并由工厂签收。若出现短码/少现象，要亲自参与清点并确认。

（2）如工厂前期未打过样品，须安排其速打出投产前样确认，并将检验结果书面通知工厂负责人和工厂技术科。特殊情况下须交至公司或客户确认，整改无误后方可投产。

（3）校对工厂裁剪样板后，方可对其进行板长确认，详细记录后的单耗确认书由工厂负责人签名确认，并通知其开裁。

（4）根据双方确认后的单耗要与工厂共同核对面/辅料的溢缺值，并将具体数据以书面形式通知公司。如有欠料，须及时落实补料事宜并告知加工厂；如有溢余则要告知工厂大货结束后退还我司，并督促其节约使用，杜绝浪费现象。

（5）投产初期，必须每个车间、每道工序，高标准地进行半成品检验。如有问题要及时反映工厂负责人和相应管理人员，并监督、协助工厂落实整改。

（6）每个车间下机首件成品后，要对其尺寸、做工、款式、工艺进行全面细致地检验。出具检验报告书（大货生产初期/中期/末期）及整改意见，经加工厂负责人签字确认后留工厂一份，自留一份并传真公司。

（7）每天要记录、总结工作，制订明日工作方案。根据大货交期事先列出生产计划表，每日翔实记录工厂裁剪进度、投产进度、产成品情况、投产机台数量，并按生产计划表落实进度并督促工厂生产进度要随时汇报公司。

（8）针对客户跟单员或公司巡检，到工厂所提出的制作、质量要求，要监督、协助加工厂落实到位，并及时汇报公司落实情况。

（9）成品进入后整理车间，需随时检查实际操作工人的整烫、包装等质量，并不定期抽验包装好的成品，要做到有问题早发现、早处理。尽最大努力保证大货质量和交期。

（10）大货包装完毕后，要将裁剪明细与装箱单进行核对，检查每色、每号是否相符。如有问题，必须查明原因并及时相应解决。

（11）加工结束后，详细清理并收回所有剩余面料、辅料。

（12）对生产过程中各环节（包括本公司相应部门和各业务单位）的协同配合力度、出现的问题、对问题的反应处理能力以及整个定单操作情况进行总结，以书面形式报告公司主管领导。

（二）生产过程跟单的流程

1. 下达生产通知书

跟单员接到客户订单后，应将其转化为生产通知单。通知单要明确客户所订产品的名称，规格型号，数量，包装要求，交货期等。

2. 分析生产能力

生产通知单下达后，要分析企业的生产能力。能否按期，按质地交货。如不能应采取什么措施？要不要外包？

3. 制订生产计划

生产计划的制定及实施关系着生产管理及交货的成败。跟单员要协助生管人员将订单及时转化为生产通知单。

4. 跟踪生产进度

实际进度与计划进度发生差异，要找原因。通常有下列原因：

（1）原计划错误。

（2）机器设备有故障。

（3）材料没跟上。

（4）不良率和报废率过高。

（5）临时工作或特急订单的影响。

（6）前制程延误的累积。

（7）员工工作情绪低落，缺勤或流动率高。

5. **跟踪生产进度的表单**

包括生产日报表、生产进度差异分析表、生产进度控制表、生产异常处理表、生产线进度跟踪表。

6. **交期延误**

如果是工厂原因，要通知客户，取得同意后方可出货。如不同意，一是协商，我们可承担部分费用将货出去；二就只好取消订单了。

7. **订单的更改问题**

客户对已下的订单因市场变化会有更改，有数量方面的（或增加，或减少），有包装方面的（彩印，或白合），有交期的变更（或提前，或推迟），等等。接到客户要求变更，首先要看改什么？能否接收？如果我们的货已生产的差不多了，已收尾，就不可能再更改了；如果还没安排，问题不大；如果已安排了一部分，要进行协商。比如数量要减，我们已按原数量采购了材料，通用的问题不大；但如是专用的，客户要承担部分费用。对于交期，如果要提前，我们要根据实际情况说；如果要推迟，时间短，问题不大；如果要延迟很长，那仓储费、损耗费要承担。

（三）跟单员的工作特点

跟单员的工作几乎涉及企业的每一个环节，从销售、生产、物料、财务、人事到总务都会有跟单员的身影出现。特点是：复杂的，全方位的。

（1）责任大。跟单员的工作是建立在订单与客户上的，因为订单是企业的生命，客户是企业的上帝，失去订单与客户将危及到企业的生存。做好订单与客户的工作责任重大。

（2）沟通、协调。跟单员工作涉及各部门。跟单员与客户，与计划部门，生产部门等许多部门的工作是一种沟通与协调。都是在完成订单的前提下而进行的与人沟通的工作。沟通、协调能力特别重要。

（3）做好客户的参谋。跟单员掌握着大量的客户资料，对他们的需求比较熟悉。同时，也了解工厂的生产情况，因此对客户的订单可以提出意见，以利于客户的订货。

（4）工作节奏多变，快速。面对的客户来自五湖四海，他们的工作方式、作息时间、工作节奏各不相同，因此，跟单员的工作节奏应是多变的。另外，客户的需求是多样的。有时客户的订单是小批量的，但却要及时出货。这就要求外面跟单员的工作效率是快速的。

（5）工作是综合性的。跟单员工作涉及企业所有部门，由此决定了其工作的综合性。对外执行的是销售人员的职责，对内执行的是生产管理协调。所以跟单员必须熟悉进出口贸易的实务和工厂的生产运作流程。

（四）跟单员的素质要求

跟单员的工作性质与特点决定了其从业的素质要求：

（1）分析能力。分析出客户的特点及产品的价格构成，以利于报价。

（2）预测能力。能预测出客户的需求，企业的生产能力及物料的供应情况，便于接单、生产及交货的安排。

（3）表达能力。善于用文字和语言与客户沟通。

（4）专业知识。对所跟单的产品要熟悉，了解产品的原材料特点、来源及成分。知道产品的特点、款式、质量，便于和客户及生产人员的沟通。

（5）与人共事的能力。与各部门的人员打成一片，使其自觉完成客户订单。

（6）人际关系处理的能力。处理好与客户、上级、同事、外单位人员的关系，通过他们来完成自己想要做的事。

（7）法律知识。了解合同法、票据法、经济法等与跟单工作有关的法律知识，做到知法、守法、懂法、用法。

（8）谈判能力。有口才，有技巧。

（9）管理与推销能力。对外推销高手，对内管理行家。

（10）物流知识。了解运输、装卸搬运、保管、配送、报关等知识。

专题思考拓展

1．阐述服装企业各部门的职责及相互关系。

2．小组讨论：如何成为一名合格的服装制板师？

3．小组讨论：如何成为一名合格的服装跟单员？

专题三 服装技术类专业认知

一、我国高等职业教育人才培养目标

为适应现代服装产业的发展,根据服装生产企业对服装专业人员的需求情况,我国服装专业人才培养的类型大体上分为中等专业技术教育、大专(包含高职类)职业技术教育、普通本科教育及研究生教育。

中等专业技术教育的培养主要与行业的职业岗位对人才需求密切结合,使学生掌握较强的服装工艺技术技能,成为高级技术工人。在服装产业中,这类人才需求量最大,是企业生产的技术骨干。

大专(包含高职类)职业技术教育及一部分本科职业教育的高等教育培养的是覆盖某一职业岗位群,具有较强工程实践能力的实用型、复合型高级技术、管理人才。这类人才是我国现阶段服装企业的技术和管理核心,他们是企业发展的中坚力量。

普通本科及研究生的教育以大工业生产为依据,培养有艺术修养的设计师或理论水平较高的服装专业人才,他们是我国服装工业可持续发展的原动力和基石。

社会的高级人才分为学术型和应用型两大类。普通高等教育培养学术型人才,注重培养学生的研究能力,强调学科体系的系统性与严密性,强调其理论形态;高等职业教育培养高端技能型人才,注重培养学生的实践、应用能力,利用已经发现的规律、定理为经济社会提供直接服务。可以说培养高端技能型人才是高等职业教育的根本目标,也是高等职业教育作为一种教育类型区别于普通教育,作为一种教育层次区别于中等职业教育的特征(图3-1)。

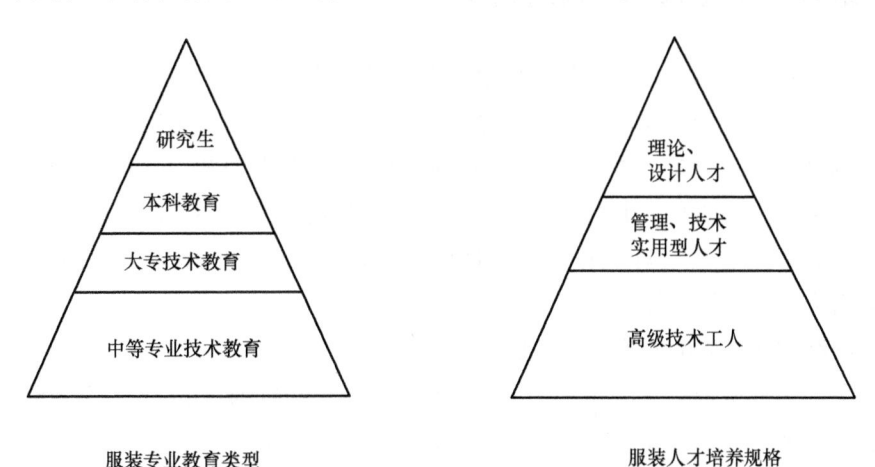

图3-1 我国服装专业人才培养类型

对于高等职业教育的目标，在我国目前表述最为完整的当属教育部教高［2006］16号文。该文件指出：高职教育的人才培养目标是培养适应生产、建设、管理、服务第一线的高等技术应用型专门人才。

高技能人才属于应用型人才范畴，其与知识型、学科型、研发型、创新型人才有本质区别，也与一般技艺型人才有明显不同。高技能人才是指能"适应生产、建设、管理、服务第一线需要的，德智体美全面发展的高等技术应用型人才"。其本质特征是具有专业基本知识和基本技能的实际应用能力，即具有鲜明的实用性和实践性；其规格特征为高等技术应用型人才，即具有明确的高层次性；其行为特征是知识与技能的应用活动不是机械地模仿和简单地劳动，而是在"应知"基础上"应会"的智能性行为。

高技能人才在人才范畴中层级较高，是在生产性服务等领域岗位一线的从业者中，具备精湛专业技能，关键环节发挥作用，能够解决生产操作难题的人员，包括技能劳动者中取得高级工、技师和高级技师职业资格及相应职级的人员，主要分布于第一、第二、第三产业中技能含量较高的岗位。高技能人才是我国人才队伍的重要组成部分，是各行各业产业大军的优秀代表，是技术工人队伍的核心骨干。

中共中央办公厅、国务院办公厅已联合下发了《关于进一步加强高技能人才工作的意见》，对此作出了明确规定，要求采取措施培养占技能者25%以上的高技能人才，以适应国家产业结构的不断调整、升级。因此，高技能型人才培养的目标要求是：既要掌握"必须够用"的专业理论知识，又要掌握基本的专业实践技能，关键是要具有综合职业能力和全面素质。

高等职业教育作为教育的一种形式，其目标应服从教育的本质，即促进个体发展优先于社会需求，促进个体符合社会需求要建立在个体全面社会化的基础上。因此，高等职业教育的本质应该从促进人类个体的发展出发，其培养目标应是促进人类生命个体的职业行动能力发展。实践也证明，这一培养目标也很好地促进了个体发展满足社会发展的进程。

二、服装技术类专业培养目标

目前，服装技术类专业主要包括服装制板与工艺、服装设计（时装样板方向）等专业。服装技术类专业设置主动适应区域经济社会发展需要，坚持以服务为宗旨，以就业为导向，培养拥护党的基本路线，具有本专业的必备基础理论知识和专门知识，具备品牌策划、服装产品设计、服装效果图表现、时装样板开发、服装数字化技术应用、服装接单跟单、服装样衣制作、服装市场营销等实际工作能力，适应生产建设（管理、服务）第一线需要的德、智、体等方面全面发展的高等技术应用性专门人才。

（一）服装制板方向的专业目标定位

培养具备服装样板设计、制单、跟单、报价、检验、CAD辅助设计、服装配饰设计及工艺、生产管理等能力，从事服装设计、打板、放码、排料、跟单、床上用品设计等工作的高端技能型人才。毕业生就业初期可胜任制板师助理、跟单、外贸业务等岗位；3~5年后可胜任制板师、技术主管等岗位；远期可胜任技术总监、生产厂长等核心技术和管理岗位。

（二）针织服装技术方向的专业目标定位

培养具备针织产品的分析、设计、制作和工艺制订与改进等能力，从事针织面料与服装、羊毛衫、家居装饰、汽车内饰等针织品的分析、设计与开发、工艺制定、质量检测与控制、贸易与跟单、生产管理等工作的高端技能型人才。毕业生就业初期可胜任原料及产品检测、设备操作与维护等岗位；3~5年后可胜任针织产品工艺分析与制订、生产与贸易跟单等岗位；远期可胜任针织面料与服装工艺设计研发、生产组织与技术管理、产品质量分析与控制等岗位。

（三）服装营销与管理方向的专业目标定位

培养具备时装营销领域的计划、组织、运作及管理等能力，从事国际领域时尚品流行趋势预测与分析、设计与营销规划、商品分销和视觉展示及产品、客户和市场整合等工作的高端技能型人才。毕业生就业初期可胜任设计助理、专卖店导购、营销助理、时尚品网店创业等岗位；3~5年后可胜任时尚顾问、营销经理、品牌专卖店店长、时尚品买手/代理等岗位；远期可胜任营销总监、品牌私营业主、视觉陈列总监、品牌经理等岗位。

三、服装技术类专业人才培养模式

随着产业的升级和调整，对高技能人才要求更加全面，其内涵不单是体现在岗位能力这一个方面，也体现在迁移能力和再学习能力等多个方面。培养全面发展的高技能人才，其内涵是尊重以人为本的发展规律和认知过程，沿着高技能人才培养这一主线，在上岗能力、岗位的迁移能力和个人可持续发展能力三个方面，构建以培养"上岗能力、迁移能力、个性发展能力"为目标，以"职业素质、知识结构、职业能力"为培养要素的高技能人才培养模式，培养高素质的职业人、合格的社会公民。

四、服装技术类专业课程认知

（一）专业课程体系的设计

专业课程体系设计的指导思想是：为适应培养高素质、高技能应用型人才的要求，以系统论方法为指导，将全部课程分为两类——公共基础课程与职业技术课。公共基础课程主要承载解决社会能力、一般方法能力和思维能力等社会生活素质的使命；职业技术课程主要解决专业技能的培养与训练问题。两类课程均通过必修课和选修课两种修读方式的交相实施、相互渗透，实现对学生综合能力与素质的培养。

1. 公共基础课程体系设计

公共基础课程以培养"积极参与社会生活，学会做人，提升可持续发展能力"为目标，围绕学生未来必备的社会生活素质要求设置各类课程，如思想政治教育类、生活通识与通用技能类、身心健康类、审美与人文类、就业与创业类。公共基础课程需要彻底摆脱学科式的思路,将典型社会生活情境(场景、事件、矛盾)转化为学习情境,构建基于社会生活过程的实用性、专题活动性的学习体系,如图3-2所示。

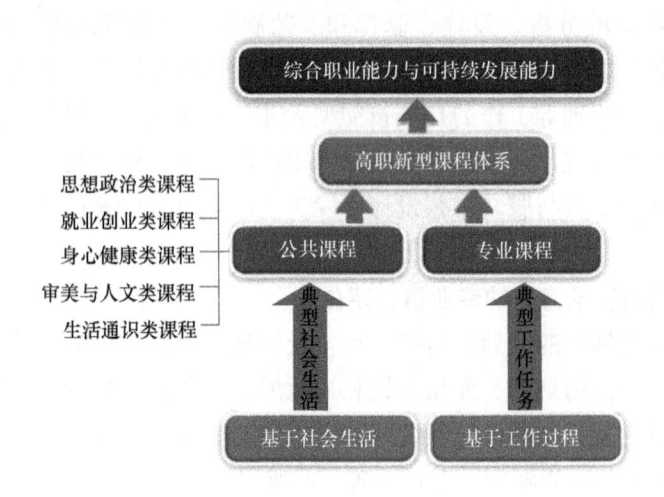

图3-2 江苏工程职业技术学院"双基"课程体系示意图

2. 职业技术课程体系设计

以优化通用职业能力、创新能力和创业能力培养为目标,构建以工作过程为导向的课程体系,以职业成长可能涉及的工作岗位,遵循职业成长规律和教育规律,由初级到高级、由简单到复杂、从单一到综合整合内容,归纳出相应的行动领域,并根据相应的行动领域构建与核心职业技术相应的学习领域(核心课程)。

(二)专业职业技术课程的由来

在专业指导委员专家的指导下,课程组与企业专家一起,按照服装技术类岗位和人才职业能力培养的要求,遵循学生学习认知成长的基本规律,以企业真实工作过程和岗位群工作领域为依据,通过解构工作过程,进行岗位分析、典型工作任务归类,确定课程,开发课程标准,围绕教学目标重构教学内容,教学内容针对性强,具有鲜明的岗位、职业、学生可持续发展和学生创业的针对性和适用性,如图3-3所示。

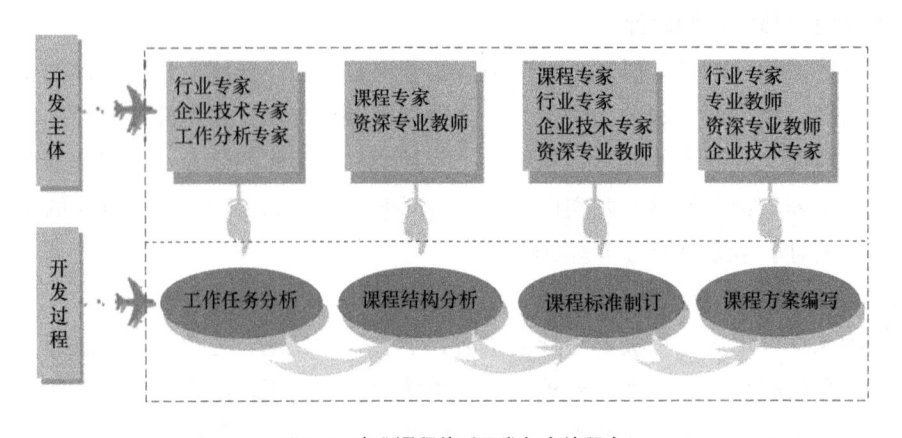

图3-3 专业课程体系开发与实施程序

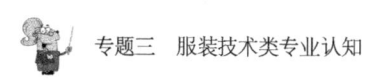

（三）专业课程与相关岗位能力的关系

1. 专业方向岗位专项能力（表3-1）

表3-1　岗位专项能力培养

专业方向	岗位专项能力
方向一： 服装制板	（1）会设计服装
	（2）能从事服装纸样设计与变化
	（3）能进行服装样板开发
	（4）能从事服装样板设计、排料推板和样衣制作
	（5）能运用服装ＣＡＤ进行排料、推板等工作
	（6）具有较强的技术能力和科研开发能力
方向二： 针织服装技术	（1）会分析针织面料
	（2）会制订针织面料的工艺
	（3）会将针织面料工艺上机实施
	（4）能开发针织面料
	（5）会设计针织服装
	（6）会制订针织服装样板工艺
	（7）会制作针织服装
	（8）能进行针织产品开发
方向三： 服装营销与管理	（1）会时装商务的国际化交流
	（2）会消费心理和流行趋势分析
	（3）会时尚品市场预测与营销策略策划
	（4）会时装货品设计与规划
	（5）能进行时装成品与原材料采购与成本核算
	（6）能进行专卖店导购与日常管理
	（7）会时装视觉陈列与展示
	（8）能进行时装风格广告造型与摄影
	（9）能完成推广与促销实务性工作

2. 专业核心课程的相互关系

专业核心课程的设计，从各个方向的学生毕业后所从事的岗位来分析，提炼典型工作任务，核心课程的设置按照岗位能力从简单到复杂，使得学生毕业后能够从事与之相关的各个工作。如图3-4所示，以时装制板课程为例，说明了时装制板课程与其他同类型课程之间的相互关系。

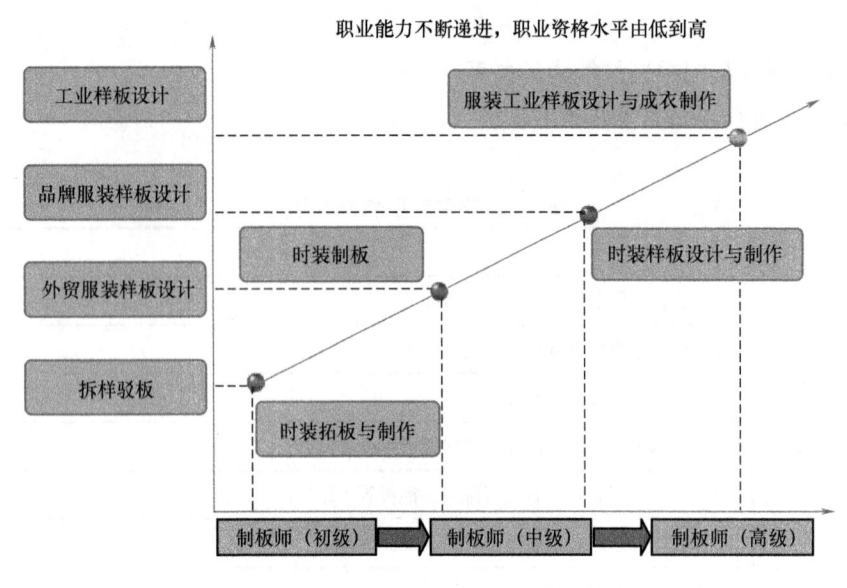

图3-4 课程相互关系图

五、基于工作过程的理论与实践一体化课程学习

下面以江苏工程职业技术学院服装制板与工艺专业的《时装制板》课程为例,帮助大家了解任务引领的情境式课程教学模式。

《时装制板》课程主要培养学生外贸服装制板、样衣制作、生产工艺单制订并能指导企业生产的专业能力,同时,还培养学生的社会能力(职业素养、沟通交流、团队协作等)、方法能力(市场调研、资讯获取、分析概括等)。

(一)课程教学模式

以工作过程为导向设计教学情境,以真实的工作任务为载体设计教学内容,行动导向教学法贯穿于各个教学情境,改革传统的评价方法,着重培养学生的专业能力、方法能力及社会能力;充分调动学生自主学习的积极性,灵活运用多种教学方法,如图3-5所示。

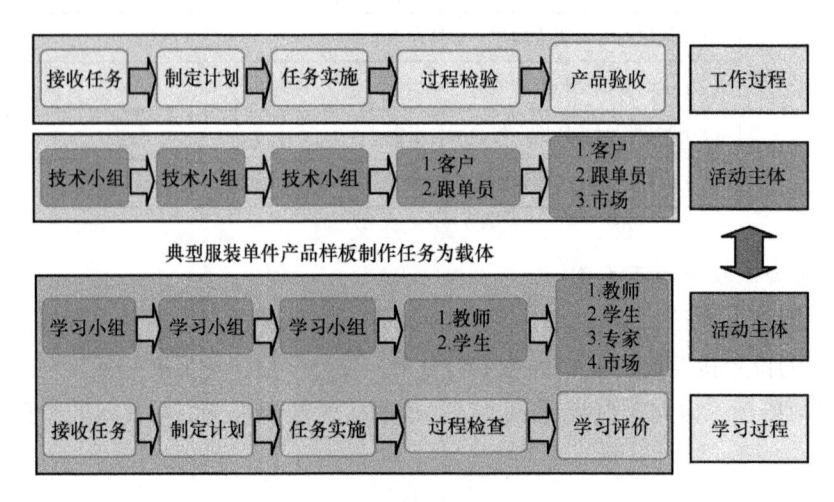

图3-5 基于工作过程的教学设计

62 专业认知与职业规划(服装技术类)

（二）课程学习情境设计（图3-6）

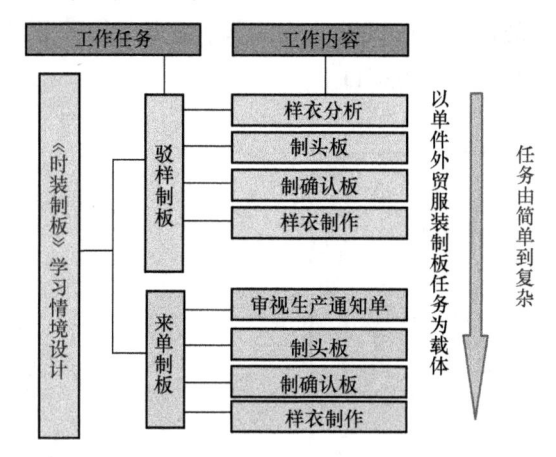

图3-6 课程学习情境设计

情境一：驳样制板。

某服装公司贸易部给技术部送来样衣7件，要求在4个星期内完成7款服装的打板及样衣试制。技术部需在规定时间内完成样衣及全套样板资料。

情境二：来单制板。

某服装公司技术部接到7款服装的生产工艺单，要求在4个星期内完成7款服装的打板及样衣试制。技术部需在规定时间内完成样衣及全套样板资料。

（三）课程教学方法和教学手段

1. 教学方法

以行动导向的项目化实施教学，采用六步法进行，如图3-7所示。在每一个学习情境的学习过程中，以工作任务为主线，工作场景贯穿始终。依托"前店—中校—后厂"三位一体的学习平台，达到"通用职业能力、创新能力与创业能力"三种职业能力的培养目标。以学生为中心，企业典型产品的制作为载体，采用小组合作的学习形式，激发学生学习兴趣和主动性。

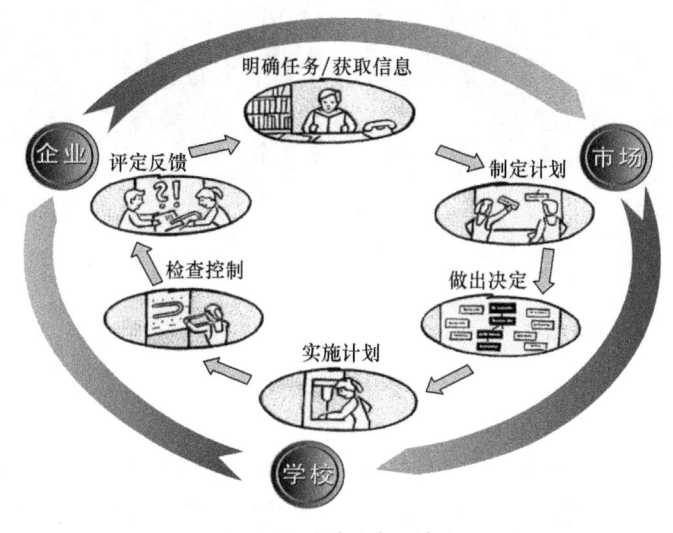

图3-7 六步法学习过程

2. 教学手段

课程主要通过运用摄录系统进行教学示范，学生根据工作页及网络课堂等教学资源做好课前准备及课外学习活动（图3-8~图3-11）。

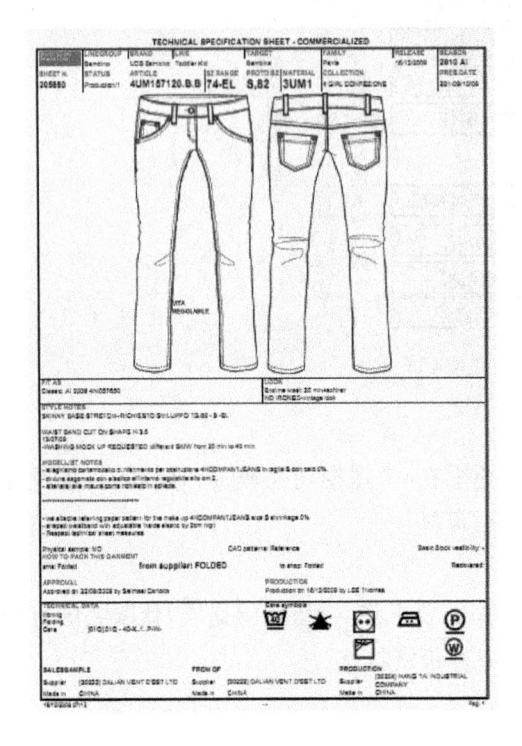

图3-8　企业工艺单

图3-9　企业样衣

图3-10　教师现场指导

图3-11　小组合作

3. 考核方式创新

在课程评价方面完全立体化，打破以往的传统课程评价方式，建立多维度的课程评价体系，既有客观评价又有主观评价。通过课程项目考核学生的专业技能，通过学习过程考核学生的学习态度、团队协作精神、沟通能力及自主学习能力等。评价运用学生自评、小组成员互评及教师评价相结合，过程考核与终结评价相结合等方式，如图3-12~图3-14所示。

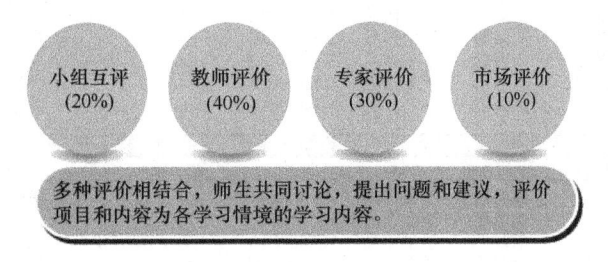

小组互评(20%)　教师评价(40%)　专家评价(30%)　市场评价(10%)

多种评价相结合，师生共同讨论，提出问题和建议，评价项目和内容为各学习情境的学习内容。

图3-12　课程考核评价方式

图3-13　学习交流　　　　　　　　　图3-14　小组互评

（四）学习成果转化（图3-15、图3-16）

图3-15　学生设计产品在"时尚空间"销售

5月销售明细						
授权	店铺名称	品牌	货号	生意额	数量	姓名
寄卖	南通店	学生作品	10fskz0705	120	1	丁媛媛
寄卖	南通店	学生作品	10fskz0302	69	1	李大问
寄卖	南通店	学生作品	10fskz0203	45	1	肖丽丽
寄卖	南通店	学生作品	10fskz0513	168	1	王 娇
寄卖	南通店	学生作品	10fskz0205	45	1	陈艳霞
寄卖	南通店	学生作品	10fskz0302	69	1	赵安娇

6月销售明细						
授权	店铺名称	品牌	货号	生意额	数量	姓名
寄卖	南通店	学生作品	10fskz0306	69	1	鲁盼盼
寄卖	南通店	学生作品	10fskz003	69	1	王 翔
寄卖	南通店	学生作品	10fskz0401	98	1	杨 静
寄卖	南通店	学生作品	10fskz0304	69	1	仲 翠
				821	10	

图3-16 学生产品销售情况报表

六、课程中职业素养的培养

（一）职业素养的含义

所谓职业素质，是指劳动者对社会职业了解与适应能力的一种综合体现，是在职业活动中发挥作用的一种基本品质，它主要包括能力素质、人格素质、理念素质、健康素质等方面。一个人的职业素质水平，从根本上决定着他的职业生涯状况。一般说来，劳动者能否顺利就业并取得成就，在很大程度上取决于本人的职业素质。职业素质越高的人，获得成功的机会就越多。素质包括先天素质和后天素质。先天素质是通过父母遗传因素而获得的素质，主要包括感觉器官、神经系统和身体其他方面的一些生理特点；后天素质是通过环境影响和教育而获得的。因此，可以说，素质是在人的先天生理基础上，受后天的教育训练和社会环境的影响，通过自身的认识和社会实践逐步养成的比较稳定的身心发展的基本品质。

一个人的职业素质是在长期执业时间中日积月累形成的。它一旦形成，便产生相对的稳定性。比如，一位教师，经过三年五载的教学生涯，就逐渐形成了怎样备课、怎样讲课、怎样热爱自己的学生、怎样为人师表等一系列教师职业素质，于是，便保持相对的稳定。当然，随着他继续学习、工作和环境的影响，这种素质还可继续提高。

职业从业人员在长期的职业活动中，经过自己学习、认识和亲身体验，觉得怎样做是对的，怎样做是不对的。这样，有意识地内化、积淀和升华的这一心理品质，就是职业素质的内在性。我们常说，"把这件事交给小张师傅去做，有把握，请放心。"人们之所以放心他，就是因为他的内在素质好。

一个从业人员的职业素质是和他整个素质有关的。我们说某某人职业素质好，不仅指他的思想政治素质、职业道德素质好，而且还包括他的科学文化素质、专业技能素质好，甚至还包括身体心理素质好。一个从业人员，虽然思想道德素质好，但科学文化素质、专业技能素质差，就不能说这个人整体素质好。相反，一个从业人员科学文化素质、专业技能素质都不错，但思想道德素质比较差，同样，我们也不能说这个人整体素质好。所以，职业素质一个很重要的特点就是整体性。

一个人的素质是通过教育、自身社会实践和社会影响逐步形成的，它具有相对性和稳定性。但是，随着社会发展对人们不断提出的要求，人们为了更好地适应、满足、促进社会的发展的需要，总是不断地提高自己的素质，所以，素质具有发展性。

（二）大学生职业素养的构成

"素质冰山"理论认为，个体的素质就像水中漂浮的一座冰山，水上部分的知识、技能仅仅代表表层的特征，不能区分绩效优劣；水下部分的动机、特质、态度、责任心才是决定人的行为的关键因素，鉴别绩效优秀者和一般者。大学生的职业素养也可以看成是一座冰山：冰山浮在水面以上的只有1/8，它代表大学生的形象、资质、知识、职业行为和职业技能等方面，是人们看得见的、显性的职业素养，这些可以通过各种学历证书、职业证书来证明，或者通过专业考试来验证；而冰山隐藏在水面以下的部分占整体的7/8，它代表大学生的职业意识、职业道德、职业作风和职业态度等方面，是人们看不见的、隐性的职业素养。显性职业素养和隐性职业素养共同构成了所应具备的全部职业素养。由此可见，大部分的职业素养是人们看不见的，但正是这7/8的隐性职业素养决定、支撑着外在的显性职业素养，显性职业素养是隐性职业素养的外在表现。因此，大学生职业素养的培养应该着眼于整座"冰山"，并以培养显性职业素养为基础，重点培养隐性职业素养。当然，这个培养过程不是学校、学生、企业哪一方能够单独完成的，而应该由三方共同协作，实现"三方共赢"。

（三）大学生职业素养现状

1. *职业意识淡薄*

职业意识是作为职业人所具有的意识，如工作积极认真、有责任感、具有基本的职业道德。职业意识既影响个人的就业和择业方向，又影响整个社会的就业状况，它包括创新意识、竞争意识、协作意识和奉献意识等方面。职业意识是职业道德、职业操守、职业行为等职业要素的总和。有调查表明，目前大量高校学生对自己将要从事的行业知之甚少，不知道目标公司的选才要求和用人标准，还有相当一部分学生从未考虑过自己的职业发展。有些学生入职之后不能很快适应公司环境，组织忠诚度较差，频繁出现跳槽现象。这些问题反映出大学生职业意识比较淡薄、职业价值观模糊、与社会需求脱节的现状。

2. *就业能力不足*

就业能力是个体获得和保持工作、在工作中进步以及应对工作和生活中出现变化的能力。大学生就业能力不足主要表现在获得工作的能力较差、保持工作的能力不足。有些学生不善于推销自己，把求职当作学校、老师、家长的事，坐等工作自己找上门来；有些学生分析能力较差，不能合理定位自己适合的单位或岗位，造成找工作屡屡受挫；在工作能力方面，有些学生虽经专业训练，但动手能力较差，人际沟通和团队协作能力欠缺；还有些学生过于偏重知识经验的积累，却忽视了职业职责、内在品质等的培养，只注重做事，不注重做人，缺乏对岗位的热爱，以致保持工作的能力不足。

3. *职业心理素质较差*

很多大学生对自己了解不够，不能够很好地给自己定位。有时自视过高，当不能达到既定目标时，就认为自己没用，产生自卑心理。有时又定位太低，目标很轻松就达到了，这使他们又产生了自负心理。工作中遇到问题和挫折是很正常的，但部分大学生不能很好地正视和处理这些问题，抗挫折能力较差，无法承受所遇到的挫折，有些学生甚至会因此走向极端。种种现象，折射出大学生不成熟的心理素质，它与用人单位所需求的员工心理素质相去甚远，已经成为大学生就业方面亟待解决的一个问题。

（四）大学生职业素养培养的重要性

随着中国经济的高速发展，企业对高素质人才的需求越来越高，对大学生的职业素质也提出了更高的要求。

近几年，大学毕业生的就业已经成为比较重要的社会问题，也可以说是一个难题。对于很多毕业生来说，先不说找到好工作，即便是找到一份工作就已经比较困难了。高校把毕业生的就业率作为考察学校教育效果的一大指标：毕业生就业率的高低直接影响到学校的声誉，同时也会影响到学校的招生及培养计划。而从社会的角度来看，很多企业又在叹息"招不到合适的人选"。很多事实表明，这种现象的存在与学生的职业素养难以满足企业的要求有关。

据人力资源和社会保障部新闻发言人尹成基介绍，2012年城镇需就业的劳动力达2500万人，比"十一五"时期的年均数多100万人，其中高校毕业生规模达到680万人，是21世纪初的6倍多。目前，我国人才市场结构性矛盾更加突出，招工难和就业难并存。技术工人短缺，普通工人也短缺，而就业难则主要是大学生就业难。在大学生普遍反映"工作难找"的同时，用人单位也在抱怨"人才难求"。而大学生能否顺利就业，在很大程度上取决于个人职业素质的高低。

《一生成就看职商》的作者吴甘霖回首自己从职场惨败者到走上成功之道的过程，再总结比尔·盖茨、李嘉诚、牛根生等著名人物的成功历史，并进一步分析所看到的众多职场人士的成功与失败，得到了一个宝贵的理念：一个人，能力和专业知识固然重要，但是，在职场要成功，最关键的并不在于他的能力与专业知识，而在于他所具有的职业素养。一个人在职场中能否成功取决于其"职商"。工作中需要知识，但更需要智慧，而最终起到关键作用的就是素养。缺少这些关键的素养，一个人将一生庸庸碌碌，与成功无缘。拥有这些素养，会少走很多弯路，以最快的速度通向成功。

前面已经提到，很多企业之所以招不到满意人选是由于找不到具备良好职业素养的毕业生，可见，企业已经把职业素养作为对人进行评价的重要指标。如成都大瀚咨询公司在招聘新人时，要综合考察毕业生的五个方面：专业素质、职业素养、协作能力、心理素质和身体素质。其中，身体素质是最基本的，好身体是工作的物质基础；职业素养、协作能力和心理素质是最重要和必需的，而专业素质则是锦上添花的。职业素养可以通过个体在工作中的行为来表现，而这些行为以个体的知识、技能、价值观、态度、意志等为基础。

专业的在线问卷调查平台"问卷星"2013年4月做的《在校大学生职业素质认知状况调查研究》中，"您认为职业素质对大学生顺利就业的影响是什么"的调查结果见表3-2。

表3-2 在校大学生职业素质认知状况调查

选项	小计	比例
良好的职业素质对自己以后的工作无关紧要	11	8.33%
良好的职业素质对自己以后的工作可能会有作用	25	18.94%
良好的职业素质对自己以后的工作有决定性作用	37	28.03%
良好的职业素质对自己以后的工作是很有益处的	59	44.7%
本题有效填写人次	132	

良好的职业素养是企业必需的，是个人事业成功的基础，是大学生进入企业的"金钥匙"。

（五）大学生职业素养的自我培养

作为职业素养培养主体的大学生，在大学期间应该学会自我培养。

1. 培养职业意识

雷恩·吉尔森说："一个人花在影响自己未来命运的工作选择上的精力，竟比花在购买穿了一年就会扔掉的衣服上的心思要少得多，这是一件多么奇怪的事情，尤其是当他未来的幸福和富足要全部依赖于这份工作时。"很多高中毕业生在跨进大学校门之时就认为已经完成了学习任务，可以在大学里尽情地"享受"了。这正是他们在就业时感到压力的根源。清华大学的樊富珉教授认为，中国有69%~80%的大学生对未来职业没有规划、就业时容易感到压力。中国社会调查所最近完成的一项在校大学生心理健康状况调查显示，75%的大学生认为压力主要来源于社会就业。50%的大学生对于自己毕业后的发展前途感到迷茫，没有目标；41.7%的大学生表示目前没考虑太多；只有8.3%的人对自己的未来有明确的目标并且充满信心。培养职业意识就是要对自己的未来有规划。因此，大学期间，每个大学生应明确我是一个什么样的人？我将来想做什么？我能做什么？环境能支持我做什么？着重解决一个问题，就是认识自己的个性特征，包括自己的气质、性格和能力以及自己的个性倾向，包括兴趣、动机、需要、价值观等。据此来确定自己的个性是否与理想的职业相符；对自己的优势和不足有一个比较客观的认识，结合环境如市场需要、社会资源等确定自己的发展方向和行业选择范围，明确职业发展目标。

2. 配合学校的培养任务，完成知识、技能等显性职业素养的培养

职业行为和职业技能等显性职业素养比较容易通过教育和培训获得。学校的教学及各专业的培养方案是针对社会需要和专业需要所制订的。旨在使学生获得系统化的基础知识及专业知识，加强学生对专业的认知和知识的运用，并使学生获得学习能力、培养学习习惯。因此，大学生应该积极配合学校的培养计划，认真完成学习任务，尽可能利用学校的教育资源，包括教师、图书馆等获得知识和技能，作为将来职业需要的储备。

3. 有意识地培养职业道德、职业态度、职业作风等方面的隐性素养

隐性职业素养是大学生职业素养的核心内容。核心职业素养体现在很多方面，如独立性、责任心、敬业精神、团队意识、职业操守等。事实表明，很多大学生在这些方面存在不

足。有记者调查发现，缺乏独立性、会抢风头、不愿下基层吃苦等表现容易断送大学生的前程。如厦门博格管理咨询公司的郑甫弘在他所进行的一次招聘中，一位来自上海某名牌大学的女生在中文笔试和外语口试中都很优秀，但被最后一轮面试淘汰。他说："我最后不经意地问她，你可能被安排在大客户经理助理的岗位，但你的户口能否进深圳还需再争取，你愿意吗？"结果，她犹豫片刻回答说："先回去和父母商量再决定。"缺乏独立性使她失去了工作机会。而喜欢抢风头的人被认为没有团队合作精神，用人单位也不喜欢。如今，很多大学生生长在"6+1"的独生子女家庭，因此在独立性、承担责任、与人分享等方面都不够好，相反他们爱出风头、容易受伤。因此，大学生应该有意识地在学校的学习和生活中主动培养独立性、学会分享、感恩、勇于承担责任，不要把错误和责任都归咎于他人。自己摔倒了不能怪路不好，要先检讨自己，承认自己的错误和不足。大学生职业素养的自我培养应该加强自我修养，在思想、情操、意志、体魄等方面进行自我锻炼。同时，还要培养良好的心理素质，增强应对压力和挫折的能力，善于从逆境中寻找转机。

专业课程中，越来越多的高职学校注重对学生的职业素养的训练，课程从企业引进真实的项目，将学生进行分组，按照企业的要求实施任务，同时邀请了企业能工巧匠来课题指导学生，按照企业的标准，对学生的作品进行考核。

七、职业资格考试

国家职业资格鉴定是一项基于职业技能水平的考核活动，属于标准参照型考试。它是由考试考核机构对劳动者从事某种职业所应掌握的技术理论知识和实际操作能力做出客观的测量和评价。职业技能鉴定是国家职业资格证书制度的重要组成部分。凡考核合格者，由人保部颁发相应等级的职业资格证书，并实行统一编号登记管理和国家人保部官方网站网上查询，是相关人员求职、任职、晋升、包括出国等的法律上的有效证件，可记入档案、全国通用。本专业的学生毕业时候都要获取的证书见表3-3。

表3-3 江苏工程职业技术学院服装制板与工艺专业学生毕业时应取得的证书

序号	考核项目	考核发证部门	等级要求	对接课程名称
1	英语等级考试	江苏省高校英语能力考委	3.5级B	应用英语
2	计算机应用能力	教育部考试中心	一级	计算机应用
3	服装设计定制工	人力资源与社会保障部	中级	服装工业样板设计实训、服装工业样板设计与制作
4	服装制板师	上海市人力资源和社会保障局	中级	服装工业样板设计实训、服装工业样板设计与制作
5	纺织面料设计师	人力资源与社会保障部	助理（高级）	纬编针织产品设计与开发

注 3~5为专业技能证书之选择项，至少需取得一种。

八、各类服装技能大赛

"普通教育有高考，职业教育有大赛"已成为职业教育界一句流行语，职业技能大赛已成为我国职业教育发展的风向标和指挥棒。技能大赛比赛项目内容紧扣企业的生产实际情况，贴近行业先进的发展技术；比赛规程和赛场规程贴近企业生产岗位规范，强调学生职业道德、职业精神、专业知识、专业技能和职业综合能力的培养（图3-17）。

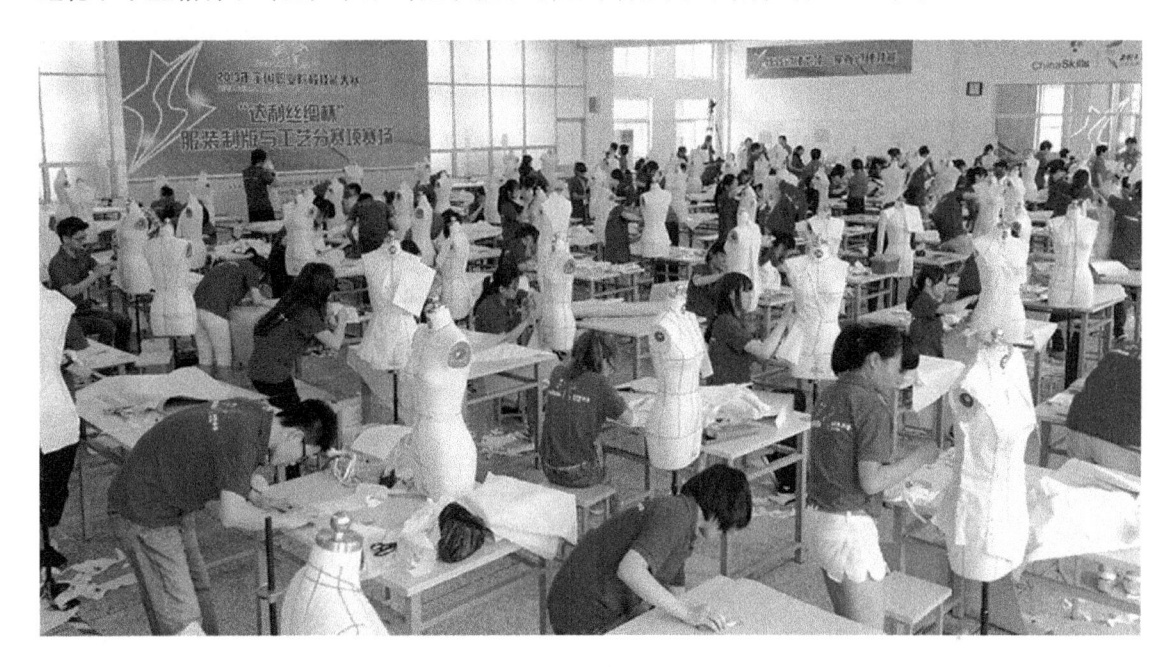

图3-17　2013年全国职业院校服装技能大赛制板与工艺分赛项

获全国比赛一等奖的选手还可获得国家劳动部颁发的"技师证书"，一等奖的第一名选手可获得国家劳动部颁发的"高级技工证书"。

全国职业院校技能大赛

全国职业院校技能大赛是中华人民共和国教育部发起，联合国务院有关部门、行业和地方共同举办的一项年度全国性职业教育学生竞赛活动。为充分展示职业教育改革发展的丰硕成果，集中展现职业院校师生的风采，努力营造全社会关心、支持职业教育发展的良好氛围，促进职业院校与行业企业的产教结合，更好地为我国经济建设和社会发展服务。是专业覆盖面最广、参赛选手最多、社会影响最大、联合主办部门最全的国家级职业院校技能赛事。

2013年全国职业院校技能大赛在天津举办，职业教育再次受到各方热切关注。大赛闭幕式上，中共中央政治局委员、国务院副总理刘延东再次强调，要构建现代职业教育体系，打通各类技能人才发展通道，面向生产服务一线培养大批高素质劳动者和技能型人才，促进经济转型升级、扩大就业和民生改善，要以服务经济社会发展为宗旨，以解决青年就业为导向，系统设计职业教育体系框架和专业结构，实现与现代产业、公共服务和终身教育体系融合发展。

☞专题思考拓展
1. 列举出服装制板与工艺专业学生将来从事的岗位。
2. 结合专业方向，分析一下所学专业核心课程与岗位能力的关系。

专题四 职业生涯规划

一、职业生涯规划的定义及特点

(一)职业生涯规划的定义

职业生涯规划也可叫职业生涯设计,是指一个人对其一生中所承担职务相继历程的预期和计划,包括一个人的学习,对一项职业或组织的生产性贡献和最终退休。例如,做出个人职业的近期和远景规划、职业定位、阶段目标、路径设计、评估与行动方案等一系列计划与行动。

(二)职业生涯规划的特点

职业生涯设计的目的绝不只是协助个人按照自己资历条件找一份工作,达到和实现个人目标,更重要的是帮助个人真正了解自己,为自己制订事业大计,筹划未来,拟订一生的方向,进一步详细估量内、外环境的优势和限制,在"衡外情,量己力"的情形下设计出各自合理且可行的职业生涯发展方向。职业生涯规划既包括个人对自己进行的个体生涯规划,也包括企业对员工进行的职业规划管理体系。职业生涯规划不仅可以使个人在职业起步阶段成功就业,在职业发展阶段走出困惑,到达成功彼岸;对于企业来说,良好的职业生涯管理体系还可以充分发挥员工的潜能,给优秀员工一个明确而具体的职业发展引导,从人力资本增值的角度达成企业价值最大化。借助教育测量学、现代心理学、组织行为学、管理学、职业规划与职业发展理论等相关科学经典理论,结合中国特色的企业管理实践和个人性格特征,形成了比较成熟、完善的职业生涯规划体系。

个体职业生涯规划并不是一个单纯的概念,它和个体所处的家庭、组织以及社会存在密切的关系。随着个体价值观、家庭环境、工作环境和社会环境的变化,每个人的职业期望都有或大或小的变化,因此它又是一个动态变化的过程。对于个体来说,职业生涯规划的好坏必将影响整个生命历程。我们常常提到的成功与失败,不过是所设定目标的实现与否,目标是决定成败的关键。个体的人生目标是多样的:生活质量目标、职业发展目标、对外界影响力目标、人际环境等社会目标……整个目标体系中的各因子之间相互交织影响,而职业发展目标在整个目标体系中居于中心位置,这个目标的实现与否,直接引起成就与挫折、愉快与不愉快的不同感受,影响生命的质量。

通过对大学生进行过求职准备情况的调查研究,以及对刚工作不久的毕业生进行过回访调查。发现学生在求职准备方面呈现出几个明显倾向:

第一,在职业能力的自我评估上,许多大学生存在高估或低估的倾向,呈现出明显偏差；第二，在职业信息的了解上，大学生们过于关注职业是否符合自身需要，却忽略了职业要求与自身素质的匹配程度；第三，在职业准备的投入上，大多数学生比较被动。

（三）职业生涯规划的作用

大学生进行职业生涯规划可以起到以下诸多方面的作用：

（1）以既有的成就为基础，确立人生的方向，提供奋斗的策略。

（2）突破生活的格线，塑造清新充实的自我。

（3）准确评价个人特点和强项。

（4）评估个人目标和现状的差距。

（5）准确定位职业方向。

（6）重新认识自身的价值并使其增值。

（7）发现新的职业机遇。

（8）增强职业竞争力。

（9）将个人、事业与家庭联系起来。

（10）扬长避短，发挥职业竞争力。

（11）了解就业市场，科学合理地选择行业和职业。

（12）提升个人实力，获得长期职业发展优势。

（13）加快适应工作，提高工作满意度，使事业成功最大化。

二、大学生如何进行职业生涯规划

（一）职业生涯规划前的准备工作

做好职业生涯规划应该分析三个方面的情况：

1. 自己适合从事哪些职业/工作；

研究自己适合从事哪些职业/工作，是职业生涯规划的关键和基础；回答这个问题，要考虑以下各方面的因素：

（1）自己所处的职业发展阶段。人生有四个职业发展阶段：①探索阶段：15~24岁。②确立阶段：24~44岁，这一阶段是大多数人工作周期中的核心部分。这一阶段包括了三个子阶段：尝试子阶段（25~30岁）、稳定子阶段（30~40岁）以及职业中期危机阶段（在30多岁和40多岁之间的某个时段上）。③维持阶段：45~65岁。④下降阶段：66岁以上，退休临近的时候。处在不同职业发展阶段的人，应考虑不同的事情。例如，在探索阶段，可以多做些尝试、探索，在工作中摸索出本人的职业性向、职业锚、职业兴趣等，逐步找到最适合自己的职业。而40岁以上的人，就不应该做过多的尝试，而是应该认真分析清楚本人的职业锚、职业性向，选择本人有优势的职业做长远的打算。这里的年龄阶段划分还应该针对不同的职业加以区分，例如，在中国，作为职业足球运动员，30岁已经该退休了；而作为教授，30岁差不多是最年轻的。可以看到，目前，在校大学生处在第一阶段——探索阶段。

（2）自己的职业性向（职业类型）。约翰·霍兰德的研究发现，不同的人有不同的人格特征，不同的人格特征适合从事不同的职业，约翰·霍兰德将其分为六种职业性向（类型）：实践性向；研究性向；社会性向；常规性向；企业性向；艺术性向。每一种职业性向适合于特定的若干职业。通过一系列测试，可以确定一个人的职业性向。职业者如果确定了自己的职业性向，就可以从对应的若干职业中选择。

（3）自己的技能。也就是我们的自身本领，如专业、爱好、特长等。

（4）自己的职业锚（职业动机）。职业锚/动机（Career. Anchor）是职业生涯规划时另一个必须考虑的要素。当一个人不得不做出职业选择的时候，他无论如何都不会放弃的那种职业中至关重要的东西或价值观就是职业锚。职业锚是人们选择和发展职业时所围绕的中心。每一个人都有自己的职业锚，影响一个人职业锚的因素有：天资和能力；工作动机和需要；人生态度和价值观。天资是遗传基因在起作用，而其他各项因素虽然受先天因素的影响，但更加受后天努力和环境的影响，所以，职业锚是会变化的。这一点有别于职业性向。例如，某个人攻读了医学博士，并且从事外科医生工作已经20年了，尽管他的职业性向可能并不适合做外科医生，但是他在确定自己的职业时，基本上不会考虑改为其他职业，这是因为他的职业锚在起作用。

埃德加·施恩在研究职业锚时将职业锚划分为如下类型：

①技术或功能型职业锚。这类人往往出于自身个性与爱好考虑，并不愿意从事管理工作，而是愿意在自己所处的专业技术领域发展。在我国过去不培养专业经理的时候，经常将技术拔尖的科技人员提拔到领导岗位，但他们本人往往并不喜欢这个工作，更希望能继续研究自己的专业。

②管理型职业锚。这类人有强烈的愿望去做管理人员，同时经验也告诉他们自己有能力达到高层领导职位，因此，他们将职业目标定为有相当大职责的管理岗位。成为高层管理人员需要的能力包括三方面：分析能力：在信息不充分或情况不确定时，判断、分析、解决问题的能力；人际能力：影响、监督、领导、应对与控制各级人员的能力；情绪控制力：有能力在面对危急事件时，不沮丧、不气馁，并且有能力承担重大的责任，而不被其压垮。

③创造型职业锚。这类人需要建立完全属于自己的东西，或是以自己名字命名的产品或工艺，或是自己的公司，或是能反映个人成就的私人财产。他们认为只有这些实实在在的事物才能体现自己的才干。

④自主与独立型职业锚。有些人更喜欢独来独往，不愿像在大公司里那样彼此依赖，很多有这种职业定位的人同时也有相当高的技术型职业定位。但是他们不同于那些简单技术型定位的人，他们并不愿意在组织群体中发展，而是宁愿做一名咨询人员，或是自主创业，或是与他人合伙开业。其他自由独立型的人往往会成为自由撰稿人。

⑤安全型职业锚。有些人最关心的是职业的长期稳定性与安全性，他们为了安定的工作、可观的收入、优越的福利与养老制度等付出努力。目前我国绝大多数的人都选择这种职业定位，很多情况下，这是由于社会发展水平决定的，而并不完全是本人的意愿。相信随着社会的进步，人们将不再被迫选择这类型。正如许多分类一样，以上的分类也无好坏之分，

之所以将其提出是为了帮助大家更好地认识自己，并据此重新思考自己的职业生涯，设定切实可行的目标。

值得注意的是，伴随现代科技与社会进步，大学生要随时注意修订职业目标，尽量使自己职业的选择与社会的需求相适应，一定要跟上时代发展的脚步，适应社会需求，才不至于被淘汰出局。

（5）自己的职业兴趣。在做职业生涯规划时，还要考虑本人的职业兴趣，例如，喜欢旅行（适合于经常出差的职业）；喜欢温暖湿润的气候（适合在华南工作）；喜欢自己作出决定（应该自己做老板）；喜欢住在中等城市；不想为大公司工作；喜欢穿休闲服装上班；不喜欢整天在桌子后面工作，等等。另外，本人具有的职业技能也不能忽略，如果某人具有某项突出的技能，而这项技能可以为其带来收入，做职业生涯规划时就应当将其作为一个重要因素加以考虑。

2. 自己所在公司能否提供这样的岗位以及职业通路

除了研究本人适合从事哪些职业/工作之外，还要考虑本人所在的公司可能给您提供哪些岗位，从中选择那些适合您本人从事的岗位。如果在本公司没有适合您本人从事的岗位，或者说，您所在的公司，不可能提供适合您本人的工作岗位，就应该考虑换工作了。作为公司的管理者，有责任指导员工做职业生涯规划，并且给出员工适合的职业通路。这样，企业才能人尽其才；员工才能尽其所能为公司效力。

职业生涯规划的时限，面对发展迅速的信息社会，仅仅制订一个长远的规划显得不太实际，因而，有必要根据自身实际及社会发展趋势，把理想目标分解成若干可操作的小目标，灵活规划自我。一般来说，以5~10年的时间为一规划段落为宜。这样就会很容易跟随时代需要，灵活易变地调整自我，太长或太短的规划都不利于自身成长。具体可有两种方式：一是根据自己的年龄划分目标，如25~30岁职业规划、2010~2020年职业规划；二是根据职业通路中的职位、职务阶段性变化为划分标准，制订不同时期的努力方向，如5年之内向部门经理职位冲刺，10年内成为主管经理。

3. 在自己适合从事的职业中，哪些是社会发展迫切需要的

做职业生涯规划时，还要把目光投向未来。研究清楚本人现在做的工作，十年后会怎么样？自己的职业在未来社会需要中，是增加还是减少。自己在未来的社会中的竞争优势，随着年龄的增加是不断加强还是逐渐削弱？在自己适合从事的职业中，哪些是社会发展迫切需要的？等等。

进行社会分析：社会在进步，在变革，作为即将步入社会的大学生们，应该善于把握社会发展脉搏。这就需要做社会大环境的分析：当前社会、政治、经济发展趋势；社会热点职业门类分布及需求状况；所学专业在社会上的需求形势；自己所选择职业在目前与未来社会中的地位情况；社会发展对自身发展的影响；自己所选择的单位在未来行业发展中的变化情况，在本行业中的地位、市场占有及发展趋势等；对这些社会发展大趋势问题的认识，有助于自我把握职业社会需求、使自己的职业选择紧跟时代脚步。同时，个人处于社会庞杂环境中，不可避免地要与各种人打交道，因而分析人际关系状况显得尤为必要。人际关系分析应

着眼于以下几个方面：个人职业发展过程中将与哪些人交往；其中哪些人将对自身发展起重要作用；工作中将会遇到什么样的上下级、同事及竞争者，对自己会有什么影响，如何提高提高人际交往能力与之相处等。

（二）大学生如何给自身做一个科学的职业生涯规划

在综合考虑上述三个方面的因素后，就能够给自己做职业生涯规划了。

职业生涯设计的具体方法：许多职业咨询机构和心理学专家进行职业咨询和职业规划时常常采用的一种方法就是有关5个"W"的思考的模式。从问自己是谁开始，然后顺着问下去，共有5个问题：①Who are you? 你是谁？②What you want? 你想干什么？③What can you do? 你能干什么？④What can support you? 环境支持或允许你干什么？⑤What you can be in the end? 最终的职业目标是什么？回答了这五个问题，找到它们的最高共同点，你就有了自己的职业生涯规划。

第一个问题"我是谁？"应该对自己进行一次深刻地反思，有一个比较清醒地认识，优点和缺点，都应该一一列出来。

第二个问题"我想干什么？"是对自己职业发展的一个心理趋向的检查。每个人在不同阶段的兴趣和目标并不完全一致，有时甚至是完全对立的。但随着年龄和经历的增长而逐渐固定，并最终锁定自己的终身理想。

第三个问题"我能干什么？"则是对自己能力与潜力的全面总结，一个人职业的定位最根本的还要归结于他的能力，而他职业发展空间的大小则取决于自己的潜力。对于一个人潜力的了解应该从几个方面着手去认识，如对事的兴趣、做事的韧力、临事的判断力以及知识结构是否全面、是否及时更新等。

第四个问题"环境支持或允许我干什么？"这种环境支持在客观方面包括本地的各种状态如经济发展、人事政策、企业制度、职业空间等；人为主观方面包括同事关系、领导态度、亲戚关系等，两方面的因素应该综合起来看。有时我们在职业选择时常常忽视主观方面的东西，没有将一切有利于自己发展的因素调动起来，从而影响了自己的职业切入点。而在国外，通过同事、熟人的介绍，找到工作是最正常也是最容易的。当然我们应该知道这和一些不正常的"走后门"等歪门邪道有着本质的区别。这种区别就是这里的环境支持是建立在自己的能力之上的。

明晰了前面四个问题，就会从各个问题中找到对实现有关职业目标有利和不利的条件，列出不利条件最少的、自己想做而且又能够做的职业目标，那么第五个问题有关"自己最终的职业目标是什么"自然就有了一个清楚明了的框架。最后，将自我职业生涯计划列出来，建立形成个人发展计划书档案，通过系统的学习、培训，实现就业理想目标：选择一个什么样的单位，预测自我在单位内的职务提升步骤，个人如何从低到高逐级而上。例如，从技术员做起，在此基础上努力熟悉业务领域、提高能力，最终达到技术工程师的理想生涯目标；预测工作范围的变化情况，不同工作对自己的要求及应对措施；预测可能出现的竞争，如何相处与应对，分析自我提高的可靠途径；如果发展过程中出现偏差，如果工作不适应或被解聘，如何改变职业方向。

1. 职业发展目标的调整

职场上常说，计划赶不上变化。对于自己碰到的问题和环境，需要及时调整发展规划，一成不变的发展计划有时形同虚设。

根据职业方向选择一个对自己有利的职业和得以实现自我价值的单位，是每个大学生的良好愿望，也是实现自我的基础，但这一步的迈出要相当慎重。就人生第一个职业而言，它往往不仅是一份单纯的工作，更重要的是它会初步使你了解职业、认识社会，一定意义上它是你的职业启蒙老师。最后，提醒毕业生们，人生成功的秘密在于机会来临时，你已经准备好了！机遇对于任何人来说都是平等的，千万别在机遇面前说抱歉！

2. 职业生涯规划的实施

制订好一系列的职业发展规划后，如何将其最终落实是每个规划制订者所必须考虑并面对的一个问题。做一个好的计划若没有实施上的细则，就无法保证计划顺利进行。应对职场纷繁信息和变动选择的成功法则就是必须建立有效的信息整理、分析和筛选系统，再结合自身竞争力合理规划职业生涯。这样才能在职业发展过程中凭借良好的职场敏感度达到职业成功的彼岸。

（三）职业生涯规划十原则

（1）清晰性原则：考虑目标措施是否清晰明确？实现目标的步骤是否直截了当？

（2）变动性原则：目标或措施是否有弹性或缓冲性？是否能依据环境的变化而调整？

（3）一致性原则：主要目标与分目标是否一致？目标与措施是否一致？个人目标与组织发展目标是否一致？

（4）挑战性原则：目标与措施是否具有挑战性，还是仅保持其原来状况而已？

（5）激励性原则：目标是否符合自己的性格、兴趣和特长？是否能对自己产生内在激励作用？

（6）合作性原则：个人的目标与他人的目标是否具有合作性与协调性？

（7）全程原则：拟定生涯规划时必须考虑到生涯发展的整个历程，作全程的考虑。

（8）具体原则：生涯规划各阶段的路线划分与安排，必须具体可行。

（9）实际原则：实现生涯目标的途径很多，在作规划时必须要考虑到自己的特质、社会环境、组织环境以及其他相关的因素，选择确定可行的途径。

（10）可评量原则：规划的设计应有明确的时间限制或标准，通过评量、检查，使自己随时掌握执行状况，并为规划的调整提供参考的依据。

三、大学生创业

大学生创业群体主要由在校大学生和毕业生组成，由于大学扩招引起大学生就业等一系列问题，一部分大学生通过创业形式实现就业，大学生创业逐渐被社会所认同和接受，创业者同时也肩负着提高大学生毕业就业率和社会稳定等历史使命。在高校扩招之后越来越多大学生走出校门的同时，大学生创业就成为了大学生就业之外的一个社会新问题。据人力资源和社会保障部数据，2013年全国有699万名普通高校毕业生，这是新中国成立以来大学毕业生最多的一年，加之今年经济下行，因此是就业形势最严峻的一年，预计有300万大学生难以实现初次就业。所以许多大学生都选择创业来实现就业。

（一）大学生创业的优势与弊端

1. 优势

（1）大学生往往对未来充满希望，他们有着年轻的血液、充满激情，以及"初生牛犊不怕虎"的精神，而这些都是一个创业者应该具备的素质。

（2）大学生在学校里学到了很多理论性的东西，有着较高层次的技术优势，而目前最有前途的事业就是开办高科技企业。技术的重要性是不言而喻的，大学生创业从一开始就必定会走向高科技、高技术含量的领域，"用智力换资本"是大学生创业的特色和必然之路。一些风险投资家往往就因为看中了大学生所掌握的先进技术，而愿意对其创业计划进行资助。

（3）现代大学生有创新精神，有对传统观念和传统行业挑战的信心和欲望，而这种创新精神也往往造就了大学生创业的动力源泉，成为成功创业的精神基础。大学生怀揣创业梦想，努力打拼，创造了财富。

（4）大学生创业的最大好处在于能提高自己的能力，增长社会实战经验，以及学以致用；最大的诱人之处是通过成功创业，可以实现自己的理想，证明自己的价值。

2. 弊端

（1）由于大学生社会经验不足，常常盲目乐观，没有充足的心理准备。对于创业中的挫折和失败，许多创业者感到十分痛苦茫然，甚至沮丧消沉。大家以前创业，看到的都是成功的例子，心态自然都是理想主义的。其实，成功的背后还有更多的失败。看到成功，也看到失败，这才是真正的市场，也只有这样，才能使年轻的创业者们变得更加理智。

（2）急于求成、缺乏市场意识及商业管理经验的缺乏，是影响大学生成功创业的重要因素。学生们虽然掌握了一定的书本知识，但终究缺乏必要的实践能力和经营管理经验。此外，由于大学生对市场营销等缺乏足够的认识，很难一下子胜任企业经理人的角色。

（3）大学生对创业的理解还停留在仅有一个美妙想法与概念上。在大学生提交的相当一部分创业计划书中，许多人还试图用一个自认为很新奇的创意来吸引投资。这样的事以前在国外确实有过，但在今天这已经是几乎不可能的了。投资人看重的是你的创业计划真正的技术含量有多高，在多大程度上是不可复制的，以及市场盈利的潜力有多大。而对于这些，你必须有一整套细致周密的可行性论证与实施计划，绝不是仅凭三言两语的一个主意就能让人家掏钱的。

（4）大学生的市场观念较为淡薄，不少大学生很乐于向投资人大谈自己的技术如何领先与独特，却很少涉及这些技术或产品究竟会有多大的市场空间。就算谈到市场的话题，他们也多半只会计划花钱做做广告而已，而对于诸如目标市场定位与营销手段组合这些重要方面，则全然没有概念。其实，真正能引起投资人兴趣的并不一定是那些先进得不得了的东西，相反，那些技术含量一般但却能切中市场需求的产品或服务，常常会得到投资人的青睐。同时，创业者应该有非常明确的市场营销计划，能强有力地证明盈利的可能性。

（二）大学生创业应具备的基本能力

1. 规划人生，制订计划

这一点对年轻人来说，是不容易实现的。尤其是大学生刚出校门，对社会和自己的认识还非常有限。要想清楚地知道自己以后发展方向在哪里，仅靠自身的苦思冥想是找不到答案的。最好的办法就是通过自己去观察别人，征求"过来人"的意见，再结合自己的实际情况制订一些小的目标，通过确定和实现这小小目标，再慢慢地开始规划自己的人生。

在创业过程当中，要经常性地提前计划或规划一些事情。在制订计划的时候一定要综合各种因素，形成切实可行的动作分解，要将任何可能的细节都考虑在内。而在实施的过程当中要针对当下的具体情况进行，适时做调整。运营需要强有力的计划管理能力，只有具备这一能力才能让自己更靠近成功创业之门。

2. 胆识和魄力

作为创业者，你就是团队的灵魂。团队运营后，甚至在筹备之初就会面临各种各样的决策，你的一举一动都左右着创业的发展走向和兴衰。前期创业者可能会广泛地征求亲朋好友的建议，一旦自己能够独立自主后，就必须要通过自己的智慧和胆识去决定各种大小事务。当在自主地做出决策时，谨慎是必不可少的，一旦优柔寡断可能就会失去一个绝佳的商业的机会。同时，决策的胆识和魄力一定是要建立深思熟虑的基础之上，既要选择风险小又要兼顾利益最大化。

3. 团队管理、信息管理、目标管理

任何创业如同经营一家企业一样，需要制订各种制度。制度不在于多，而在于是否让所有相关人都能够明白其道理，并且严格执行。创业者需要针对自己团队实际情况建立各种有效的管理制度，包括店员管理、培训、绩效考核等。同时，针对市场的不断发展变化而改进相应制度，只有这样才能够让创业者及其团队立于不败之地，拥有发展的主动权。在此想提醒大学生创业者，在制订和改进管理制度的时候，一定要基于客观事实出发，而不要想当然，要极力保证制度的可实施性。

创业者每天都会通过不同渠道接触各种信息，例如，竞争对手又开始降价了，明天要下雨，厂家又有新政策，等等。如何从大量的信息里筛选与自己相关的，再从与自己相关的信息里找到有效的，这需要长时间的锻炼。只有正确有效信息才能指导自己店铺各项工作有序开展。对于大学生创业者而言，由于缺乏大量的社会实践经验，所以在接触各种信息的时候，难免会有失偏颇地做一些决定。当大家对信息无所适从的情况下，可以向过来人进行请教，加以甄别。要在观察和请教别人的过程当中，不断提高自身管理信息的能力。

开店创业必须要有明确的目的性。在不同创业阶段需制定明确的目标，把目标进行细致化的分解。一个团队要想得到长远发展，那么必须得有长远的发展目标，长远的发展目标又可以按阶段分解成不同的小目标，而这些小目标又可以分解到每个相关人。在这个过程当中，作为创业者主导者，就需要对不同的目标进行统筹和管理。

4. 谈判

在创业者人际交往过程当中，与人谈判的情况必不可少。谈判对创业者的要求是综合多

面的，需要求创业者有一定的语言能力、心理分析能力、人文素养等。要想在谈判当中占得主动地位，必须要有很强的谈判能力。杰出的谈判能力能够让创业者在谈判过程当中直接获得更多的利益。

5. 处理突发事件

创业过程当中，会不可避免地发生一些突发事件，而其中很大部分都是我们想避免的。然而当事情发生的时候，需要我们更为积极地应对。如果这些事情发生在创业者顾客身上，处理得当的话，还能起到广告效果。通过用心的服务会向顾客传递了负责任的形象。"好事不出门坏事传千里"，任何一件突发的事件，稍加不注意，也会使自己的形象一落千丈，甚至砸掉招牌。如何处理好每次的突发事件，化险为夷甚至通过这些事件的妥善解决，让顾客更加认同你或者你的团队，再借由消费者之口，为你不断传播好口碑。

6. 学习

现代社会要想取得不断地成功，必须具备持续的学习能力。市场和行业的竞争日益激烈，大到一个企业，小到个人要想力争上游，那就必须比竞争对手更快地掌握更多的知识，通过不断地学习使自己处于不败之地。对于大学生创业者而言，除了书本的理论知识，更要重视学习其他方面的综合能力。

7. 社会交往能力

良好的人际关系，不仅能给人生带来快乐，而且还能助人走向成功。大学生创业者在开始创业后必将会接触到各种不同类型、不同身份的人，而接触的人大多是跟自己的利益攸关的。所以从创业最开始就要学会跟各种人打交道。要尽可能地去结交人脉，认识朋友，舍得给自己投资。在与前辈们的交流和学习当中不断认识到自己的不足，针对性地加以完善。

8. 保持身心健康

创业者经常是要与孤独和挫折为伴，绝大多数的创业过程不是一帆风顺的。时下流行一个词"逆商"，也就是说人在适应逆境的能力。创业者如何保持乐观而稳定的心态，需要在长时间的历练当中找到方法。而对大学生创业者一般都比较心高气傲，有着强烈的自尊。建议刚毕业的大学生一样要放低姿态，平静地去接受一切可能的打击。同样，在得意时，也要克服骄傲的情绪，切不可沾沾自喜，妄自称大。

身体是革命的本钱，创业者只有身体健康，才能够支撑一切的打拼和奋斗。为事业拼搏而废寝忘食的精神非常值得肯定，但是终究不能视之为常态。大抵年轻的创业者都会精力旺盛，一旦投入工作中都很难自拔。在创业的过程当中一定要注意劳逸结合，切莫因为太拼而让自己的健康状况下滑。

（三）大学生创业失败的常见原因

刚出校门的大学生满腔热情进行创业，有的成功，有的失败，但以失败居多。分析原因却具有普遍性，这里作个深度分析，给即将创业的大学生引以为鉴。常见原因如下：

（1）盲目崇拜偶像。在很多青年心目中，创业英雄已然成为他们最崇拜的人，无形中就使得大学生创业者"唯其马首是瞻"，凡是李开复、史玉柱、马云、俞敏洪说的，就是对的。殊不知，这些成功的企业家自有他们令人望尘莫及的能力或品质，但成功永远是小概率事件，那些商业奇迹多少都有幸运的成分，而幸运却是不可复制的。创业者一定要因事因地独立自主思考和判断对那些成功案例中的方式方法也要有辩证的批评的眼光，不可简单照搬。

（2）轻信"一面之词"。要么被合作方表面的热情和口头承诺所蒙蔽，既不做逻辑上证伪的反思，又不做独立深入的调研，轻易上当受骗；要么是在没有考证对方商业信用的情况下把大批货物发过去，最终收不回货款；要么是轻信对方吹得天花乱坠的新技术，最终浮出水面的却是粗制滥造的东西。

（3）迷信理论模型。高学历的创业者往往有纸上谈兵的倾向，他们把各种营销曲线模型和时髦的商业模式理论背得滚瓜烂熟，可到了本土商业实战上，却寸步难行。任何理论都有其边界和适用范围，特别是在中国这个转型期的市场经济初级阶段，商业生态极端复杂的现实面前，亦步亦趋地套用西方经济学模型显然是不行的。最终还是相信人脉就是钱脉，所以要建好团队。造成这样的结局原因有二：一是中国学生从小到大，一心读考试书，两耳不闻窗外事，严重缺乏社会实践经验。二是暴露出高校教育模式的软肋，这与中国高校缺乏批判性思维能力知识教育有关。

（四）大学生投资创业的优惠政策

为支持大学生创业，国家各级政府出台了很多优惠政策，涉及融资、开业、税收、创业培训、创业指导等诸多方面。对打算创业的大学生来说，了解这些政策，才能走好创业的第一步。

优惠政策如下：

（1）各国有商业银行、股份制银行、城市商业银行和有条件的城市信用社要为自主创业的各大高校毕业生提供小额贷款。在贷款过程中，简化程序，提供开户和结算便利，贷款额度在5万元左右。

（2）贷款期限最长为两年，到期后确定需要延长贷款期限的，可以申请延期一次。

（3）贷款利息按照中国人民银行公布的贷款利率确定，担保最高限额为担保基金的5倍，担保期限与贷款期限相同。

2013大学生创业优惠政策解读

2013年大学毕业生人数再创新高，达到了699万，被称为"史上最难就业季"，就业形势相当严峻。不过，"就业难"引发了"创业热"，如今创业的大学生越来越多，那么国家在大学生创业方面都有哪些政策支持呢？

一、企业注册登记方面

1．程序更简化

凡高校毕业生（毕业后两年内，下同）申请从事个体经营或申办私营企业的，可通过各级工商部门注册大厅"绿色通道"优先登记注册。其经营范围除国家明令禁止的行业和商品外，一律放开核准经营。对限制性、专项性经营项目，允许其边申请边补办专项审批手续。对在科技园区、高新技术园区、经济技术开发区等经济特区申请设立个私企业的，特事特办，除了涉及必须前置审批的项目外，试行"承诺登记制"。申请人提交登记申请书、验资报告等主要登记材料，可先予颁发营业执照，让其在3个月内按规定补齐相关材料。凡申请设立有限责任公司，以高校毕业生的人力资本、智力成果、工业产权、非专利技术等无形资产作为投资的，允许抵充40%的注册资本。

2．减免各类费用

除国家限制的行业外，工商部门自批准其经营之日起1年内免收其个体工商户登记费（包括注册登记、变更登记、补照费）、个体工商户管理费和各种证书费。对参加个私协会的，免收其1年会员费。对高校毕业生申办高新技术企业（含有限责任公司）的，其注册资本最低限额为10万元，如资金确有困难，允许其分期到位；申请的名称可以"高新技术""新技术""高科技"作为行业予以核准。高校毕业生从事社区服务等活动的，经居委会报所在地工商行政管理机关备案后，1年内免予办理工商注册登记，免收各项工商管理费用。

提醒：据工商局个体处的工作人员介绍，有关政策已经执行，大学毕业生在办理自主创业的有关手续时，除带齐规定的材料，提出有关申请外，还要带上大学毕业生就业推荐表、毕业证书等有关资料。

二、金融贷款方面

1．优先贷款支持、适当发放信用贷款

加大高校毕业生自主创业贷款支持力度，对于能提供有效资产抵（质）押或优质客户担保的，金融机构优先给予信贷支持。对高校毕业生创业贷款，可由高校毕业生为借款主体，担保方可由其家庭或直系亲属家庭成员的稳定收入或有效资产提供相应的联合担保。对于资信良好、还款有保障的，在风险可控的基础上适当发放信用贷款。

2．简化贷款手续

通过简化贷款手续，合理确定授信贷款额度，一定期限内周转使用。

3．利率优惠

对创业贷款给予一定的优惠利率扶持，视贷款风险度不同，在法定贷款利率基础上可适当下浮或少上浮。

提醒：中行、农行、建行、民生银行、中信实业银行等银行相关人士均表示，该行没有开办大学生自主创业贷款这项业务，这种尴尬情况主要缘于此类贷款的高风险。中信实业银行办公室有关人士表示，银行在追求资金收益性、流动性的同时，也要考虑其安全性。大学毕业生自主创业贷款相对其他贷款，风险高。大学生刚毕业，缺少社会工作经验，又没有合适的抵押物或担保，银行一般不会轻易贷款。另一位业内人士也表示，即使大学生手头上有合适的项目，但这也只是个别现象。作为企业，银行发放这样贷款投入成本和收入不成正比。

事实上，大学生创业贷款难就难在无法提供有效资产作抵押或质押。已有多家银行开办了针对具有城镇常住户口或有效居留身份，年满18周岁自然人的个人创业贷款。此类创业贷款要求个人采用存单质押贷款，或者房产抵押贷款以及担保贷款。

三、税收缴纳方面

凡高校毕业生从事个体经营，自工商部门批准其经营之日起1年内免交税务登记证工本费。新办的城镇劳动就业服务企业（国家限制的行业除外），当年安置待业人员（含已办理失业登记的高校毕业生，下同）超过企业从业人员总数60%的，经主管税务机关批准，可免纳所得税3年。劳动就业服务企业免税期满后，当年新安置待业人员占企业原从业人员总数30%以上的，经主管税务机关批准，可减半缴纳所得税2年。

四、企业运营方面

1．员工聘请和培训享受减免费优惠

对大学毕业生自主创办的企业，自工商部门批准其经营之日起1年内，可在政府人事、劳动保障行政部门所属的人才中介服务机构和公共职业介绍机构的网站免费查询人才、劳动力供求信息，免费发布招聘广告等；参加政府人事、劳动保障行政部门所属的人才中介服务机构和公共职业介绍机构举办的人才集市或人才、劳务交流活动给予适当减免交费；政府人事部门所属的人才中介服务机构免费为创办企业的毕业生、优惠为创办企业的员工提供一次培训、测评服务。

2．人事档案管理免2年费用

对自主创业的高校毕业生，政府人事行政部门所属的人才中介服务机构免费为其保管人事档案（包括代办社保、职称、档案工资等有关手续）两年。

3．社会保险参保有单独渠道

高校毕业生从事自主创业的，可在各级社会保险经办机构设立的个人缴费窗口办理社会保险参保手续。

（五）大学生创业大赛

1．挑战杯大学生创业大赛

"挑战杯"全国大学生系列科技学术竞赛由江泽民同志亲自题写杯名，由团中央、教育部、中国科协、全国学联联合主办，分课外学术科技作品竞赛和创业计划竞赛两类，每两年一届间隔举办，已被公认为中国大学生的"科技奥林匹克圣会"。第一、二、三、四、五届"挑战杯"中国大学生创业计划竞赛先后在清华大学、上海交通大学、浙江大学、厦门大学和山东大学成功举办。

2．全国大学生创业大赛

教育部2009年全国大学生创业大赛是一项全面提升大学生创业意识、提升创业能力的综合性赛事。大赛将充分结合多种评价方法来综合考评参赛大学生的综合素质能力。

此次大赛以创业计划书为基础，以《经营之道——企业运营电子对抗系统》《创业之星——大学生创业模拟实验室》《金蝶K/3 ERP管理软件》为竞赛平台，结合竞赛平台的经营绩效，并由教育部相关领导、高校专家与国内外知名企业高层管理人员评审团点评的方式进行综合评判，以更好的考查大学生的综合能力与经营水平。

3. 中国科学院青年创业大赛

中国科学院青年创业大赛（CAS Youth Venture Competition，CAS-YVC，以下简称"大赛"）是中国科学院举办的面向全国高校及各科研单位优秀青年的创业比赛。大赛期待每一项创业方案和行动具有经济价值和社会意义；期待以中国科学院青年为代表的广大优秀青年把握时代脉搏，为科学发展和社会经济进步做出贡献。

首届中国科学院青年创业大赛于2005年举办，至今已成功举办三届。大赛得到了全国人大常委会副委员长、中国科学院院长路甬祥院士的肯定和指导。通过建立全国优秀青年与投资者、企业家和社会学者之间合作的平台，促进青年形成和锻炼创新、创业意识，同时为每一项优秀的创业方案找到资金，促进科技成果转化为应有的经济价值和社会意义。

（六）大学生创业故事（案例）

大学生创业案例

6月13日，江南大学服装设计专业的周凯颖顺利通过硕士论文答辩，而本科毕业时她与同学合办的时尚创意设计公司也两岁半了。其间，公司的办公场所从与人合用到拥有独立的115平方米的工作室，员工从3个股东到14人的工作团队，经营收益从入不敷出到去年的112万元。除了这些看得见的数字外，周凯颖等创业者收获的还有渐趋平实的心态。

2007年，周凯颖的同学、当时读大三的马腾在电视台实习时，经同事推荐，得到一个舞台服装设计的机会。从面料选择、款式设计、工艺制作到最终投产，他初步了解了服装设计行业的生产程序与规律。同时，马腾发现，江苏无锡市场上的一些高档写字楼内工作人员的职业装，大多以西服为主，款式单一，色彩黯淡，缺乏职业装应有的标识性。

一直对服装设计行业抱有浓厚兴趣的马腾，渐渐萌生创业的想法。他开始拜访服装行业的企业家，向学院的老师询问行业前景，并开始调研客户需求。

2007年12月，马腾与擅长服装设计与网络资源搜集的同学周凯颖、朱俊雨，成立了麦梯时尚创意设计有限公司，客户定位为在房产业、商场以及写字楼等处工作的高端人群。

2008年，他们作为江南大学5支团队中唯一一支以实体公司参赛的队伍，夺得江苏省第五届"挑战杯"创业计划大赛无锡地区第一名。不久，马腾获评"江苏省创业明星"。

回首当初头顶众多的光环，如今的马腾显得更加理智。"当时比赛的时候，是想做服装设计外包，设想得很理想，觉得有前景，年收入应该在百万元以上"。然而，这个当时被马腾笑称"可以吹得很大"的理想蓝图在公司运转几个月后，慢慢黯然失色。公司处于入不敷出的状态，订单拿不到，业务谈不成。只有10万元启动资金的团队，所有的家当只有4张桌子、两台电脑。

放低身段，经验是从和客户打交道中得来的，这是马腾团队总结出的经验。周凯颖说："有一次，我们和几家企业一起竞标一家房产公司的服装定制。为了让顾客有较大的挑选空间，我们一周内做了五六十张效果图，面料搭配、款式、工艺、效果都尽量根据客户的要求调整。"

在最初的竞标中，马腾团队未能入围，但"铁三角"并不气馁，他们带着效果图在客户下班经过的地方，制作出样衣供对方试穿，经过几番游说，终于用诚意打动了客户。"夏天的时候，丝毛面料摩擦后容易吸附在人身上，我们就把衣服全部拿回来重新干洗，晾干后熨烫平整再送给客户，有时时间紧张就在公司睡了。"这一单生意，马腾团队赚了3000元。

经历了创业伊始的阵痛，马腾团队渐渐"号准了行业的脉"。毕业后，团队成员把根扎在了无锡太湖新城科教产业园。"先把业务做起来，再成立实体，创业成功概率会大些。很多大学生创业因为离市场太远，根本活不下来。"江南大学国家大学科技园常务副总经理虞定华说，近两年，他见证了很多大学生创业团队刚刚登陆市场就"死在沙滩上"的悲壮。

"创业之后才发现，现实和当初设想的很不一样，仅有理想和热情是不够的，不能闭门造车，要不断寻找客户，与客户交流，盯准市场，不断调整，找准目标。"马腾说。

此后，时装周、展销会、博览会，只要是涉及行业最新动态的重要活动，马腾都会和团队成员去现场结识客户，寻找合作伙伴。

"获评江苏省创业明星后，我就以一个小弟弟的身份，一一拜访各位获奖的企业家。"马腾说。

此外，马腾团队还把面料厂、加工厂、写字楼、婚纱影楼等发展为上下游合作伙伴。现在，他们的主营业务，由高档写字楼内的职业装，扩展到休闲、婚礼、舞台服装及商务套装定制。从服务外包到服装定制，再到眼下正在开拓的平面设计，工作室始终围着服装转，但业务领域不断拓宽。

为了生存，10套、5套甚至单套的服装他们也做。为了节省开支，他们曾抱着百十斤重的面料挤公交车。

绝不敷衍的精心雕琢换来了额外的收获。一次，一家承接公司成衣加工的企业，看中了他们设计的款式，专门把公司的服装设计外包业务批转给他们。

2008年年底，公司营业额达到54万元；2009年年底，这一数字攀升到112万元。面对渐入正轨的业务，3个股东却约定，每人每月只拿1000元工资，公司年终不分红。而工作间、电脑、服装加工设备逐渐多了起来，一辆崭新的雪铁龙汽车也停在了公司门外。

马腾说，作为处于生存期的企业，不能好高骛远，"不能因为是小单子就不做，首先要保证自己不会饿着，别看吃进去的是草，挤出来的却是奶"。

四、服装专业学生职业生涯规划实例

下面以江苏工程职业技术学院服装专业10级坎晓宇同学的职业生涯规划书为例，指导同学根据自己的所学专业、自身特点等制订合理科学的职业生涯规划书。

专题四　职业生涯规划

职业生涯规划书

职业生涯规划书目录

一、序言 …………………………………………………………… 88
二、自我分析 ……………………………………………………… 89
 （一）荣誉锦集 ………………………………………………… 89
 （二）我眼中的自己 …………………………………………… 89
 （三）别人眼中的我 …………………………………………… 91
 （四）成长中的我 ……………………………………………… 91
 （五）自我认知总结 …………………………………………… 91
三、职业认知 ……………………………………………………… 91
 （一）职业价值观 ……………………………………………… 91
 （二）职业兴趣 ………………………………………………… 91
 （三）职业能力 ………………………………………………… 92
 （四）职业倾向 ………………………………………………… 92
四、职业分析 ……………………………………………………… 92
 （一）社会环境分析 …………………………………………… 92
 （二）学校环境分析 …………………………………………… 92
 （三）家庭环境分析 …………………………………………… 93
 （四）职业环境分析 …………………………………………… 93
 （五）职业分析 ………………………………………………… 94
五、职业定位 ……………………………………………………… 94
六、计划实施 ……………………………………………………… 94
七、调整与评估 …………………………………………………… 95
八、结束语 ………………………………………………………… 95

一、序言

  美国海军英雄"约翰·保罗·琼斯"的故事。那是发生在英国人和美国人之间的海上战争，当时约翰所在的船被轰击得桅杆已经折断，船体已经裂开，风帆碎片横飞，处境十分危险！随时都有可能葬身海底，对方的船长大声劝其投降，可约翰就是不承认自己是失败者，在紧要关头，他开始想着进攻的新计划——那就是登上对方的船，在船上与他们作战。经过一次次的靠近失败后，终于他的船只的锚钩钩住了对方船上的铁链，将两条船紧紧地捆绑在一起。很快，英舰的船长降下了自己的旗帜，而约翰却成了这艘"萨拉匹斯"的主人……

  我想如果不是因为坚持，也许约翰就已经和他的船一起葬身海底了，如果不是因为坚持，也许约翰就早已被英军抓获，处死。这就是坚持的价值！

  什么是坚持？坚持就是从起点一直走到终点。很多时候，一个人的成功并不仅仅是因为他有一个聪明的头脑，而是在于他坚持到底的信念和持之以恒的精神。这让我想起了"精卫填海""愚公移山"，难道不是"坚持"的话外之音吗？

坚持是一种信念，一种精神，是一个人生命意志的表达。它的过程是一种精神的铸造过程。无论是在政治，商业领域，还是我们的教育领域，坚持的精神无处不在。

二、自我分析

班级工作：在班级中担任团支书一职，积极参加班中活动，努力配合其他班委工作，与老师同学有着和谐的关系。

学校工作：服装系工作室2的成员，努力学习有关服装的知识，积极参加服装大赛，为学校争光。

专业知识：积极参加学校实训课程，参加各项比赛，获得了优异的成绩，参加社会实践，学习更多的知识。

（一）荣誉锦集

- 2010年获奖学金"一等奖"
- 2010年军训期间获"优秀学员"称号
- 2010年苏州市职业学校师生技能大赛（学生）服装项目"二等奖"
- 2010年江苏省职业学校技能大赛"二等奖"
- 2010年12月获第3届全国纺织服装高专院校学生服装设计与技能大赛"金奖"
- 2011年9 获第4届全国纺织服装高专院校学生服装设计与技能大赛"银奖"
- 2011年荣获"优秀团干部"称号
- 2011年文化艺术节小合唱"三等奖"
- 2012年6月获全国服装设计与制作大赛金奖

感想：进入大学已经半年了，在这期间我在学校中学习到了许多做人处事的道理，与人交际的能力也有着很大的提高，在大学中要靠着自己的毅力一步一步向前，不可以轻易放弃一件事，要用心做好每一件事，不管是否有回报，做好事总不会有坏处，努力向着自己的目标奋进，不管在困难也要坚持自己的理想。在大学没有老师的督促，只有自身的奋斗。

（二）我眼中的自己

1．测试报告分析

性格类型为：主人型主要表现在热情主动地帮别人把事情做好。

性格偏向：外向　感觉　情感　判断

性格各个方面的偏好清晰度如图4-1所示。

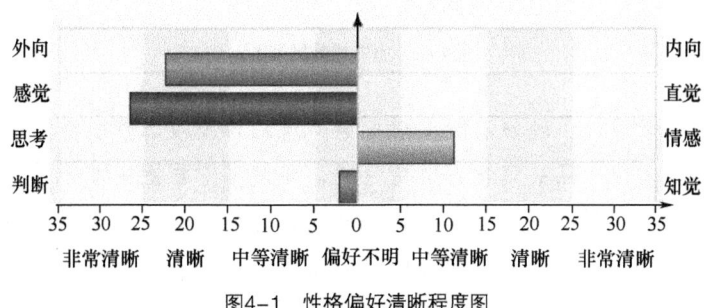

图4-1　性格偏好清晰程度图

外向的我更关注自己如何影响外部环境，将心理能量和注意聚集于外部世界和与他人的交往上。我最喜欢的活动是聚会、讨论、聊天。

2．动力结果分析（图4-2）

我是一个做事有特定的目标和方向，愿意承担一定的责任。面对新尝试时（如组织同学的特别活动等），我往往会参照以前的经验和方法。对人和事的要求不高不低，让周围人感到自在，而不至于压力太大。许多同学都愿意和我谈心，让我更好地来了解他们与他们相处。

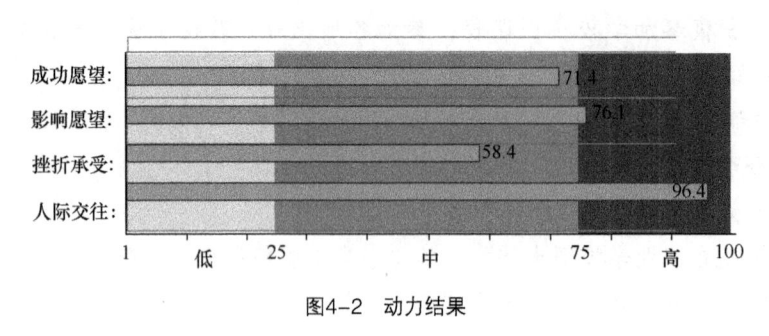

图4-2 动力结果

成功愿望：71.4
影响愿望：76.1
挫折承受：58.4
人际交往：96.4

3．动力类型（图4-3）

我是富有主动性和进取精神，很重视自己的成功。希望自己出人头地，成为至关重要的人物。能树立一定的权威感，说服、影响和带动大家，为了一个共同的目标努力，带领好大家在学习与娱乐上更加积极地做事。

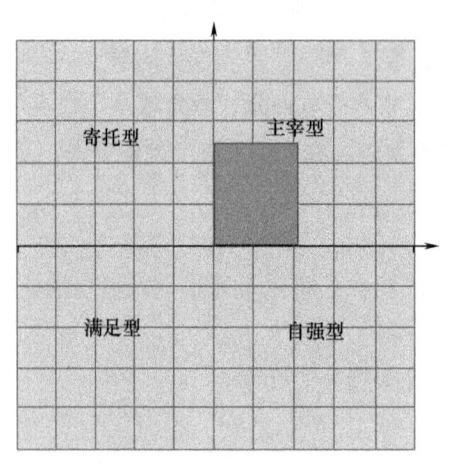

图4-3 追求成就类型图

寄托型　主宰型
满足型　自强型

自我评价：处事谨慎，不轻易决断，对可能的风险和失败比较敏感。事情开始前我会仔细考虑失败的可能性，但一旦决定就会坚持完成，即使难度和挑战性超乎寻常。遇到了阻力我也能够坚持不懈。在学习或者工作中我属于稳扎稳打型，非常稳重和踏实，但也许也会被人评价为保守和固执。都是我的韧性和责任心对完成任务很有效，但如果变化频率太快或者需要做很多快速决定时，我会力不从心，感觉跟不上节奏。

（三）别人眼中的我

老师眼中的我：做事认真　乐于助人　开朗

朋友眼中的我：有些固执　热情大方　做事细心

同学眼中的我：踏踏实实　勤勤恳恳　热爱服装

（四）成长中的我

从小看着爸妈做服装，自此我也喜欢上了这个职业，觉得做衣服是很特别的，看着别人穿上自己做的服装，会很开心。

从高中选择了这个专业到现在，有4年了，我没有多考虑过什么，只是想着今后要成为一名打板师，努力地挣钱，孝顺爸妈，这样的愿望一直在我的心中。我努力学习、比赛、拿证书，不停地为了自己的今后拼搏。在别人玩的时候，我在工作室拼命的打板制图，别人在吃饭时，我确忘记了吃饭的时间。我妈总和我说："万事开头难，不管开始有多么辛苦，也不能放弃你的目标。"我就靠着我妈的这句话一直坚持到现在。开始，我一直想过放弃，因为学习服装制板真的好难，我总是不开窍，老师和我说那是因为我没有用心去做它，为此不管那个款式有多难，我用心去看、去研究，一步一步地把所有的知识放到脑子里，不停地增加对它的了解，现在我看着一件件我做的衣服挂在人模身上，我自豪我的努力没有白费。

"万事开头难"这句话我永远记在心里，今后不管做任何事，我都以这样一句话来实行，努力地做好每一件事。

（五）自我认知总结

我是一个很外向、很好说话的女生。在生活中，我快乐、开朗与同学和睦相处，不管在哪里都有我的笑声。在学习中，我踏踏实实、努力奋斗向我的目标前进。在工作中，我细心、肯干，不管有什么困难都努力去解决。我是一个处事谨慎、不轻易决断的女生，不管做什么有多少困难，只要答应了的就一定会去完成，平时做事非常的细心，也非常愿意踏踏实实地做好每一件事。在学习或者工作中，我属于稳扎稳打型，非常稳重和踏实，但也许也会被人评价为保守和固执。

三、职业认知

（一）职业价值观

对我来说职业就是选择自己所感兴趣的，愿意努力去做，擅长于做的事，在做这个职业的前提下你对它已经有了深刻的了解，在做这个职业的过程中，你能学习到更多的东西，不断努力去达到自己所想的目标。

（二）职业兴趣

根据测评的结果显示：我对自己的职业只要能稳定，踏踏实实地工作，环境氛围要友好，能与他人合作，还能够感受到他人的赞赏和支持，最好可以把同事当作朋友，不喜欢与他人争什么，努力地做好自己的分内工作，希望我所做的职业与我的回报成正比就好。

（三）职业能力

根据测评结果显示：我看到自己的职业能力的优势和存在的问题。我愿意投入很大的动力和精力来完成任务、创造成果，我与别人共事的方法很有效，并且感觉友好和睦，我善于记住并利用各种事实来处理细节问题，看问题的角度很现实，我有非常强的责任意识，别人不用担心我的诺言不会兑现。如果有已经制订好的公事规章和工作程序，我不会跨越雷池，我善解人意，通情达理。不论是工作还是休闲，我都愿意为团体尽自己的力量，有雄心和志向，魄力强，善于影响他人，有韧性，在困境中不轻易放弃。

（四）职业倾向

根据测评结果显示：我是一个比较倾向于一份稳定现实的工作，只要工作踏踏实实，努力做好自己的事，能够交到更多的朋友，为公司做一份力所能及的事，做到自己所付出的劳动与我的回报成正比，做一名出色的打板师。

四、职业分析

（一）社会环境分析

21世纪是一个"文明大转换"的世纪。21世纪的中国社会在变革，社会成分日益复杂，社会结构再度调整，社会利益重新分配，社会生活急剧变化。在社会职能不断转变与完善的过程中，社会工作是现代社会里涉及在包括物质领域和精神领域的生活、医疗、教育、服务、调节等广泛领域中去实现人与社会和谐一致，促进社会进步的专业与实践。

1．大学生就业制度、就业市场存在一些问题

第一，由于各种客观环境的限制，毕业生就业制度的改革步履艰难。国有企业目前依然处于转轨改制、减负增效的改革过程中，很难为社会提供更多的就业机会。另外，非国有企业和单位的就业门槛不断提高，大学生就业机会就更少了。

第二，我国目前就业市场整体发育不充分、不完善，市场化程度较低。虽然围绕高校、地区、行业存在不少就业市场，但是还未形成较统一的、规范的、高效的大就业市场。就业信息不真、不够、不畅，导致了毕业生就业工作的混乱。

2．企业和用人单位存在问题

现代企业需要"全能型"人才，最好是一个人可以把三四个人的活都干了，但是现代社会就是缺少这样的人。现在企业非常看重证书，需要高校的学生。为此大家都一味地去追求学位，而忘记了技能。

3.大学生自身存在的问题

对企业不够了解：大多数大学生并不了解自己想要进入的公司发展前景、用人制度、企业文化、人际关系等，有一部分学生对以后自己即将在一个什么样的平台上迈出人生第一步只有模糊的概念，甚至根本没有目标。

（二）学校环境分析

我就读的学校是南通纺织职业技术学院，我院是一所省属公办全日制普通高等学校，现已成为国家示范性高职院校。

1．深厚的文化蕴含

学校的办学历史可以追溯到1912年由著名爱国实业家、教育家张謇先生创办的我国第一所纺织专门学校，距今已有近百年办学历史，具有深厚的文化底蕴，为江苏乃至全国的经济

社会建设和发展培养了大量的优秀人才。学校于1999年经教育部批准，独立升格为"南通纺织职业技术学院"，2006年取得了全国高职高专人才培养工作水平评估优秀的成绩，2007年被确定为江苏省示范性高职院校建设单位，2008年跻身全国百所国家示范性高职院校建设单位行列。

2．别具一格的教学理念

学校弘扬张謇"学必期于用""用必适于地"的职教思想，创新高职教育教学理念，不断探索工学结合人才培养模式。服装专业始建于1993年，经过十余年建设，服装设计与工艺专业现已成为学校"十一五"重点建设专业和江苏省特色专业。专业由原来的一个扩展为"服装设计""服装制板与工艺""服装营销与管理""针织技术与针织服装"和"服装表演"五个专业十二个专业方向服装系作为我校的特色专业结合鲜明的教学特色，教育教学取得了骄人的成果。在这样一个学习氛围浓厚的校园，处处洋溢着师生的快乐的欢笑声，我感到学习的轻松和快乐，为我们营造了一个和谐的学习环境。

（三）家庭环境分析

我是一个出生在服装"世家"的小孩，爸妈都是做这一行的，为此从小我就有受到一定的影响，喜欢看我妈妈做不一样的衣服。

一开始我说我要学服装时，爸爸非常反对，因为做这一行太累了。爸爸疼爱我，不舍得我再学服装，但是我还是在高中时义无反顾地选择了我喜欢的服装，因为只有我喜欢了我才愿意去努力做好，有了兴趣才能坚持不懈地做下去，我很想像我妈一样做个事业型的女性，一直以工作为重，不断地从小小的职员，做上管理人员，踏踏实实地做好自己的事。我爸妈现在也只希望我大学出来后找一份我喜欢的工作，安安稳稳地做好自己的事，从小小的职员，做上打板师的职务，这也是我一直以来的目标，想要成为一名出色的打板师。努力挣钱，为我的今后打拼。

（四）职业环境分析

衣、食、住、行是人类生活的四大元素。人们把"衣"放在首位，可见衣服对于我们的重要性。中国人口十四亿，庞大的人口基数本身就组成了一个庞大的服装消费市场。同时，随着中国国民收入的不断飞升，在2004年人均GDP超过了1000美元后，中国市场将进入精品消费时代，服装消费将不再仅仅为了满足其最基本的生存需求，将向更高的心理需求、自我满足需求跃进，特别是几千万人口跨入中产阶级后，其对反映自身社会地位和品位的服饰的需求将越来越迫切，将成就一批抓住了该阶层需求的服装品牌。

打板师这一职业，在做服装中有着重要的位置一件服装的板型关系着做出来穿在模特身上的效果好与不好，而现在职业市场就是很缺少打板师这一类人，一个服装厂的打板师是至关重要的，他关乎了下面生产的质量。打板师的职责就是认真打出一个精细的样板，让下面的工作人员做出漂亮的服装。为此它的存在时非常重要的。

（五）职业分析

做一个专业的服装打板师需要非常细心，一步一步都要分得很清晰，不管再怎么难的样板，都要一点一点地画清楚，哪怕是一个小小的零部件也不可以少。打板师这个职业在服装公司与设计团队都有着至关重要的位置，设计师所设计出来的漂亮衣服，必须经过打板师的手才能做出完美的衣服。

一个服装企业，有一个优秀的打板师是这个企业成功的1/3，不管在什么情况下打板师都起着非常重要的作用。

职业分析小结

由于爸妈的影响而喜欢服装，我也非常荣幸的我选择了服装这一个专业，让我在学校中有了好的机会让自己在这一方面发展，也让我有机会来这么优秀的学校学习，在其中也学习了许多除了服装以外的知识，在我了解了我所想做的职业是一个非常重要的位置后，我对自己更加严格要求，不管这个目标多难，我都要努力地去实现我的理想。努力过好每一天，认认真真地做好每一件事，勤勤恳恳地学习服装知识。

五、职业定位

职业目标：将来从事服装打板师职业

职业发展策略：先从小企业开始做起，吸取经验然后去大企业

职业发展路径："稳重路线"踏踏实实做好自己的事（专业打板师）

具体路径：小企业做职员→打板师助理→专业打板师

职业定位：我喜欢踏踏实实而又稳定的工作，可以交到好多的朋友，也许我的目标只是一个小小的打板师，但是我依旧坚持我的梦想，哪怕在其中会有困难与挫折，我相信我会成功。

标杆人物：王玉涛

六、计划实施

短期计划

2010~2013年（大学计划）

大一：要适应大学的各种生活与交际，参加全国大赛，获得二级"技师证"，在培训期间遇到许多困难，但是有了好的回报，但是还需要更加能力去学习。

大二：大二的我一定要拿到一级"技师证"与"制板证"，但是在文化课上也要更加努力，不能放松，还要学习更多的课外的知识。

大三：上半年要观察职业市场的动态，加强职业技能培养、职业素质提升、职业实践计划，下半年要找一份好的工作，好好实习，认真的在公司中的前辈请教问题，吸取经验。职业技能培养、职业素质提升、职业实践计划。

中期计划

2014~2019年（毕业后五年计划）

第一年：实业完成的我，在公司要更加努力，不断地提高自己的技能知识，与同事的关系要搞好。

第二年：要适应职场、搞好三脉（知脉、人脉、钱脉）、努力做到让大家都满意。

第三至五年：如果可以，争取作品制板师助理，向他们学习更多方面的知识，不断地向我的目标奋进。

长期计划

2020~2025年（毕业后十年或以上计划）

在这五年内：我要努力成为一名真正的打板师，踏踏实实地做好我的工作，在大企业发挥我的能力。

七、调整与评估

1．评估的内容

职业目标评估：（是否需要重新选择职业？）假如我一直没有达到我想要的目标，那么我将会想我哪里做得不好了，是不是还是不够努力，没有尽我的全力，但是如果我真的已经没有办法做我想做的职业，那么我仍然不会放弃我对于服装的热情，不断努力提升自己，加强更多的知识。

实施策略评估：（是否需要改变行动策略？）如果没有提升做打板师，我就要反省自己的错误，加强人际交往，为了我的今后打好基础。

其他因素评估：如果在做事的其中出现差错，应及时承认错误改正错误，在打板过程中如果出现不懂的问题，应及时与前辈商量方法。

2．评估的时间

一般情况下，在定期（半年或一年）评估规划；当出现特殊情况时，我会随时评估并进行相应的调整。

感想：不管有什么困难，我都要克服"万事开头难"第一步总是困难的，只要我想，我敢做，我努力了，我相信总会有回报，我会不断进取，为了我的今后打拼出我的生活。

八、结束语

计划固然好，但最重要的在于付出实施并取得成效。时时刻刻都不能忘记，任何目标，只说不做到头来只是一场空。

路漫漫其修远兮，吾将上下而求索。不经历风雨怎能见彩虹。我们要时刻保持一颗清醒的头脑。其实，每个人心中都有一座山，雕刻着理想、信念、追求、抱负；每个人心中都有一片森林，承载着收获、芬芳、失意、磨砺。一个人，若要获得成功，必须拿出勇气，付出努力、拼搏、奋斗、成功。机遇不相信眼泪，不相信颓废，不相信幻影，只相信爱打拼的人！

专题思考拓展

1．结合专业及自身特点，制订一份学业生涯规划书。

2．讨论：大学生创业需具备哪些基本条件？

参考文献

[1] 温增利. 纺织服装：一个永恒不衰的产业[J]. 山东纺织经济, 2010 (8).

[2] 冯雯雯, 夏建国. 技术型人才一种客观存在的人才类型[J]. 职教论坛, 2011 (4).

[3] 张兵. 服装行业人才培养现状与需求分析[J]. 就业与创业, 2009 (5).

[4] 王海燕, 陆洁. 长三角纺织服装产业人才需求状况分析[J]. 辽宁丝绸, 2009 (4).

[5] 姜旺生. 服装生产现场管理[M]. 北京：中国纺织出版社, 2007.

[6] 江东, 等. 大学生职业素养提升[M]. 北京：新华出版社, 2009.

[7] http://www.dgzfc.cn/gsxw_7-175.html

[8] http://www.cfw.cn/zhoukan/v5981/

[9] http://news.10jqka.com.cn/field/20100318/62217287.shtml

[10] http://www.nttia.com/shownews.asp?id=671

[11] http://bbs.haodingdan.com/read.php?tid=1431

[12] http://edu.21cn.com/fzpx/g_92_686069-1.htm

[13] http://www.wenmi114.com/wenmi/zongjie/diaoyanbaogao/2012-06-23/20120623233220.html

[14] http://www.ecx8.cn/post/fuzhuang.html

[15] http://www.alibado.com/exp/detail-w645951-e107823-p1.htm

[16] http://www.asiasewing.com/news_show.asp?id=259

[17] http://blog.vancl.com/story/2009-12-16/16.html

[18] http://www.ciotimes.com/industry/fz/55133.html

[19] http://www.clothr.com

[20] http://www.autoid-china.com.cn/2011/0307/22031.html

[21] http://www.youngor.com/index.do

[22] http://baike.baidu.com/.